Biblioteca PHotoBolsillo

Barbara Brändli

PHotoBolsillo LA FABRICA ARCHIVO FOTOGRAFÍA URBANA ColecciónC&FECaracas

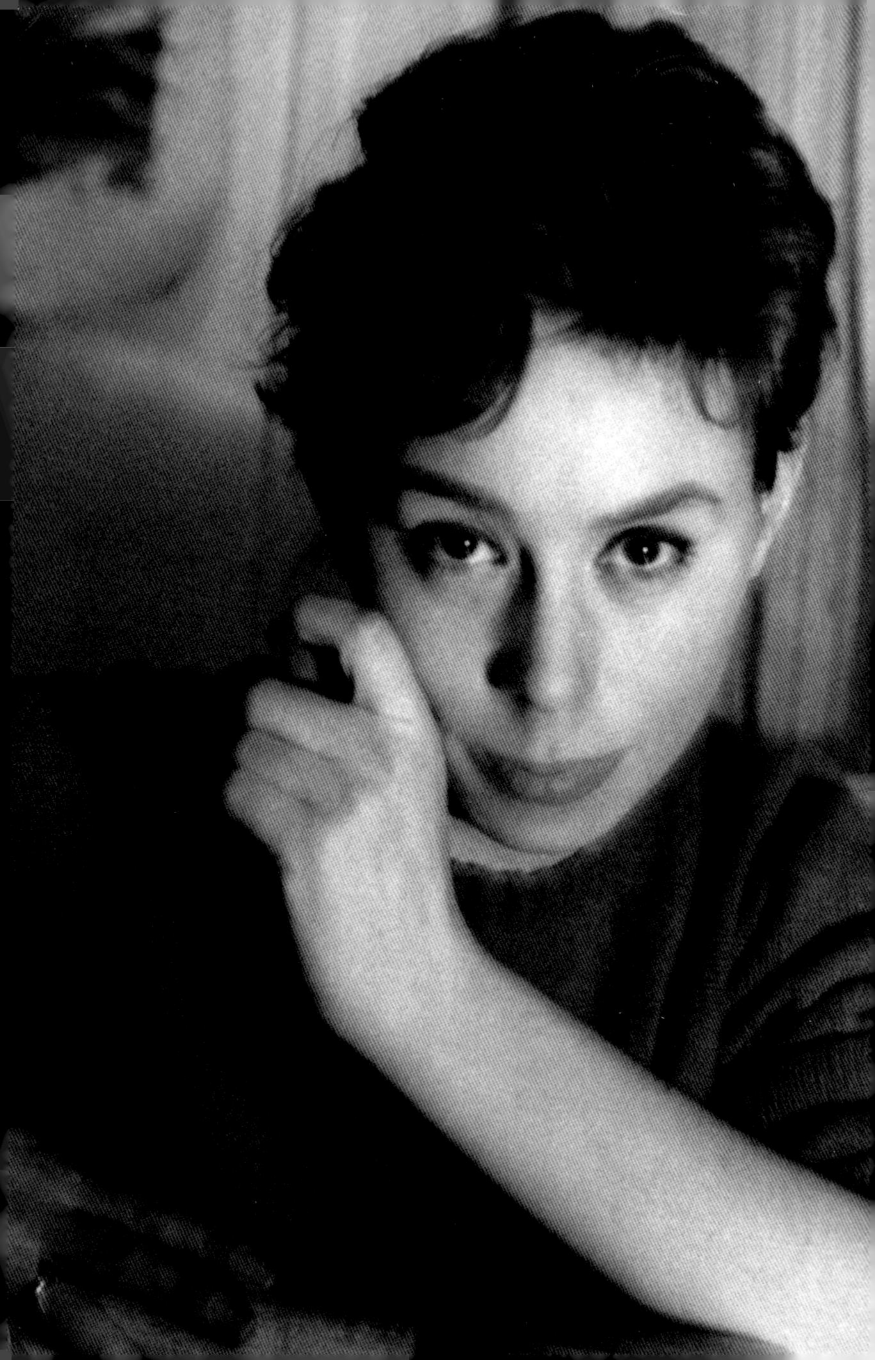

La Venezuela distante de
Barbara Brändli

Por Michel Otayek

Retrato de Barbara Brändli, autor desconocido, hacia 1960.

A mediados de los años setenta Barbara Brändli trabajaba, entre otros proyectos, en uno que demoraría largo tiempo en materializarse. La lenta gestación de su libro *Los páramos se van quedando solos* revela tanto sobre la aproximación de la fotógrafa a su oficio como sobre las circunstancias del país al que dedicó su carrera. En una carta fechada el 25 de agosto de 1975, Brändli solicitaba al historiador y periodista Simón Alberto Consalvi, entonces embajador de Venezuela ante las Naciones Unidas, su intercesión para obtener apoyo gubernamental para su trabajo. «De la verdadera Venezuela nadie quiere saber nada», lamentaba la fotógrafa de origen suizo que para la fecha tenía más de quince años viviendo en el país suramericano. Apostando quizás al gentilicio de su amigo, Brändli pedía a Consalvi, oriundo de una pequeña ciudad en los Andes venezolanos, que le consiguiera una audiencia con el presidente de la república, el también andino Carlos Andrés Pérez. «Quisiera», explicaba Brändli, «poder hablarle sobre mis ideas acerca de esa revaluación humana que yo quiero hacer, sin tener miedo a mostrar la vida de los humildes campesinos de los Andes, que son pobres pero no miserables».[1] Como confirma la página de agradecimientos del libro, las gestiones de Consalvi hicieron efectivamente posible que *Los páramos se van quedando solos* fuese publicado en 1981, con el patrocinio del Ministerio de Relaciones Exteriores.

La obra fotográfica de Brändli es extensa y variada. Además del trabajo de campo que realizó durante décadas en distintas regiones de Venezuela, se dedicó también al retrato de figuras destacadas del panorama político, social y cultural del país y a la fotografía de obras de arte. Sin embargo, la esencia de su vocación creativa estuvo orientada al estudio y difusión de la Venezuela distante; esa en la que, allende las grandes ciudades, aún se preservaban modos de vida y costumbres ancestrales. «Mi trabajo», exponía en su carta a Consalvi, «está en hacer libros. ¿Pero quién paga ese trabajo? Son meses de viaje, convivencia, para entrar en un tema».[2] Brändli atribuía tal dificultad a un desinterés generalizado por el entorno rural venezolano. «Mis fotos no son comerciales», explicaba desencantada. «En la oficina de turismo me dicen viendo mis fotos: "Imagínese, la gente va a creer que vivimos así"».[3] Ciertamente, el transcurso de buena parte de su

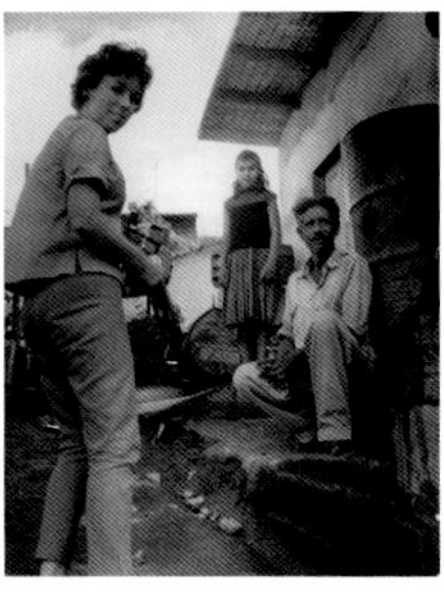

Barbara Brändli hacia 1962 (fotógrafo desconocido)

[1] Barbara Brändli a Simón Alberto Consalvi, 25 de agosto de 1975. Archivo Barbara Brändli, Colección C&FE, Caracas (Venezuela).

[2] *Ibid.*

[3] *Ibid.*

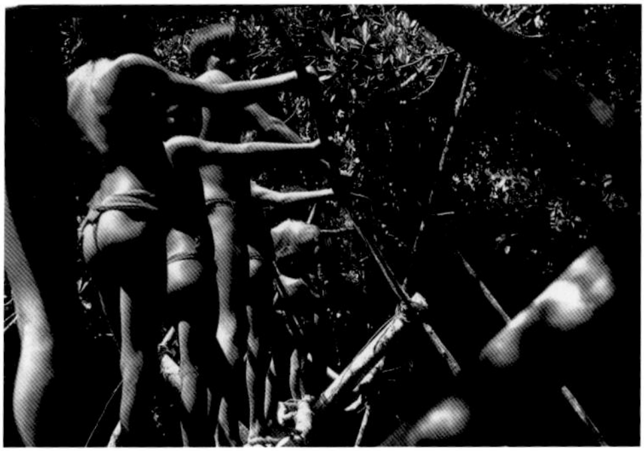

Jóvenes ye'kuana, Kanarakuni, región del alto Caura, Estado Bolívar (Venezuela), 1964

carrera coincidió con el período de apogeo del modelo de desarrollismo económico. Dentro y fuera de sus fronteras, Venezuela era estudiada y promovida como un país excepcionalmente idóneo para alcanzar la condición de nación desarrollada. Como han apuntado Steve Ellner y Miguel Tinker Salas, el paradigma de excepcionalidad que informó buena parte del discurso político, económico y cultural sobre Venezuela durante la segunda mitad del siglo veinte se sustentaba sobre tres ideas: la estabilidad de su democracia, una ubicación geográfica privilegiada y un grado notable de permeabilidad social que la libraba de las tensiones raciales y de clase que mantenían a otras naciones del hemisferio ancladas a su pasado.[4] En tal contexto, el empeño de Brändli en el estudio y preservación de tradiciones vinculadas a la premodernidad rural de Venezuela suponía un navegar contracorriente.

Como fotógrafa, Brändli se mantuvo cercana al quehacer etnográfico. Inicialmente, su trabajo estuvo vinculado con el de algunas instituciones dedicadas al estudio de comunidades indígenas en el sur venezolano, entre ellas la Fundación La Salle en Caracas y el Centro de Estudios Latinoamericanos de la Universidad de California en Los Ángeles. Durante estadías en las remotas regiones del alto Orinoco y el alto Caura —adonde comenzó a viajar en 1962— Brändli se dedicó al registro fotográfico y audiovisual del entorno y costumbres de las etnias Ye'kuana y Sanemá. Ya en los albores de su carrera, inmersa la joven suiza en los confines

[4] Steve Ellner y Miguel Tinker Salas: «The Venezuelan Exceptionalism Thesis: Separating Myth from Reality», *Latin American Perspectives*, vol. 2, n.° 32 (2005), pp. 5-19.

de la Amazonía venezolana, comenzaba a despuntar en su obra fotográfica uno de los rasgos que considero esenciales de su discurso autoral. Me refiero a su manejo de la cámara como instrumento de registro de su propia experiencia en torno a lo fotografiado y al influjo de múltiples dimensiones sensoriales sobre su trabajo como creadora visual. Generosas en sombras, capturando movimiento o dando testimonio de su interrelación con el sujeto fotografiado, las fotografías de Brändli trascienden a menudo los límites de lo meramente descriptivo.[5] Sobrecogida por la experiencia de un mundo nuevo, la fotógrafa se descubría a sí misma a través de la contemplación del entorno y de la aproximación paciente y respetuosa al otro. «Estoy experimentando aquí tanto. No lo puedo creer. Y menos escribirlo», apuntaba en su diario durante su primer viaje a la lejana misión de Santa María de Erebato. «Uno experimenta la soledad, se concentra, pensamientos difusos ocurren, uno entiende mucho y antes que uno capte qué y cómo lo entendió, se desvanecen».[6]

El modo en que Brändli se condujo detrás de la cámara estuvo informado, creo yo, por su experiencia previa frente a ella. Antes de hacerse fotógrafa Brändli había trabajado como bailarina de ballet y modelo en París. Allí mantuvo una amistad cercana con la pareja de fotógrafos Ed van der Elsken y Ata Kandó. Ambos le sirvieron de mentores cuando Brändli decidió aprender fotografía poco antes de su emigración a Venezuela junto a su esposo, el arquitecto venezolano Augusto Tobito, y su pequeña hija Karydi en 1959. Al poco de establecerse en Caracas, el oficio recién aprendido le permitió irse abriendo camino propio como creadora visual. Su incorporación al círculo de artistas e intelectuales cercanos al industrial y mecenas Hans Neumann la involucró en diversos proyectos editoriales y expositivos. Entre ellos destaca *Duraciones visuales* (1963), un libro de fotografías suyas diseñado por John Lange y concebido como un manifiesto sobre la danza contemporánea a partir de las enseñanzas de los coreógrafos Sonia Sanoja y Grishka Holguín.

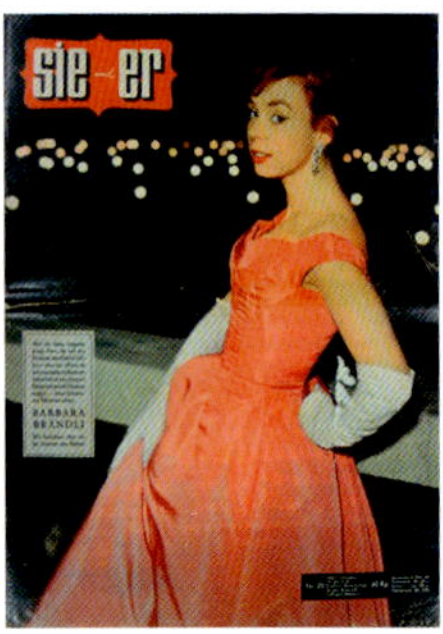

Barbara Brändli en la portada de la revista suiza Sie und Er, 17 de mayo de 1956

[5] En tal sentido, su explicación al periodista y escritor argentino Tomás Eloy Martínez: «Yo no sé fotografiar objetos inmóviles... Puedo registrar un cenicero, o una lámpara, pero no ocurre nada con eso. En cada foto tengo que estar yo misma, aparte del objeto representado. Con las cosas que no se mueven, estoy perdida». Tomás Eloy Martínez: «Bárbara Brändli: El sonido del silencio», *El Nacional* (suplemento *Papel Literario*), 8 de febrero de 1976.

[6] Barbara Brändli, entrada de diario del 15 de mayo de 1962. Archivo Barbara Brändli, Colección C&FE, Caracas (Venezuela). Traducción de Christian Monsch.

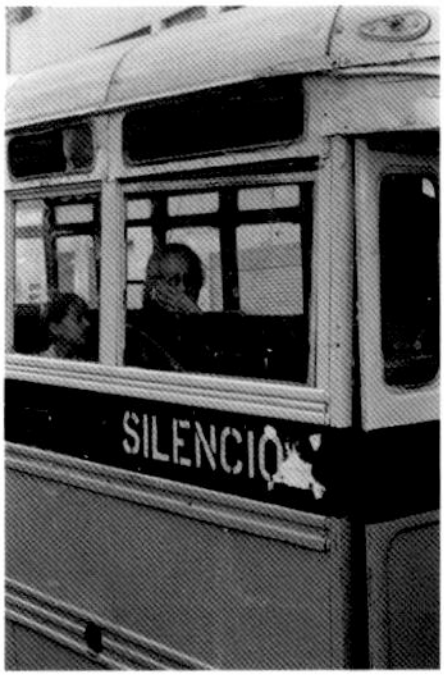

Caracas, 1974

La labor creativa de Brändli no se limitaba a la acción de fotografiar. A esta la solía preceder una consideración cuidadosa de la impresión que esperaba capturar con su cámara. Como alguna vez explicó, «tengo que estar muy pendiente de poder captar el segundo preciso de una creación preconcebida, pero percibida en el presente de un muy preciso rasgo instantáneo. Para todo esto, tengo que tener el fondo determinado y preciso».[7] Y luego de fotografiar, Brändli se abocaba a las gestiones a menudo más arduas de su trabajo, entre ellas las relativas a asegurar la publicación de sus imágenes en libros. Así, por ejemplo, Brändli dedicó casi una década a la producción de un libro sobre su trabajo en la Amazonía junto al misionero y antropólogo de origen vasco Daniel de Barandiarán. Dedicado a la etnia Sanemá, el libro con fotografías suyas, texto de Barandiarán y diseño de Cornelis Zitman y John Lange había sido concebido inicialmente en 1966. Luego de años de trabajo —y de contactos infructuosos con numerosas editoriales—, el libro fue finalmente publicado en 1974 por el Congreso de Venezuela bajo el título *Los hijos de la luna*.

Al año siguiente aparecería el extraordinario fotolibro *Sistema nervioso*. Patrocinado por la Fundación Neumann, el libro evoca la sensación del ajetreo callejero de Caracas —valga decir, la experiencia de una metrópolis caótica desde el tránsito, a pie o en automóvil, por sus arterias viales—. A lo largo de sus páginas, la excepcional propuesta de diseño de John Lange establece una correspondencia lírica entre las fotografías de Brändli —tomadas en distintos puntos de Caracas entre 1972 y 1974, según consta en la relación de fechas de sus negativos— y un poema compuesto a partir de ellas por el dramaturgo y cineasta Román Chalbaud. A *Sistema nervioso*, el único de los libros de Brändli dedicado al registro de la vida urbana, lo siguió *Así, con las manos* (1979) una publicación que ofrece una mirada íntima a las tradiciones artesanales de la Venezuela rural. Con este libro, Brändli ensaya una metodología con la que se comprometería por el resto de su carrera. En él se entretejen fotografías, tomadas durante varios viajes alrededor del país entre 1976 y 1979, con la transcripción de entrevistas a los sujetos fotografiados; a saber, mujeres y hombres dedicados a labores de creación manual. En este sentido, el libro refleja tanto la fascinación de Brändli por las tradiciones artesanales del entorno rural venezolano como su

---

[7] Lucía Quintero: «Bárbara Brändli: Su Entreluz», *El Nacional* (suplemento *Papel Literario*), 3 de noviembre de 1968.

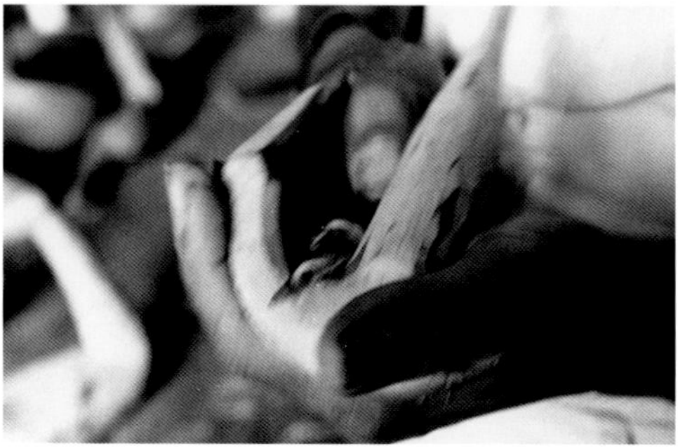

José Rafael Andrade, tallador, San Rafael de Boconó, Estado Trujillo (Venezuela), 1976

comprensión del rol de la transmisión oral en su preservación. Desde la perspectiva de la vertiginosa modernidad caraqueña, *Así, con las manos* parecía referir al lector a otra época. «En momentos en que la nación ya no es ni sacudida por la corrupción», apuntaba el crítico de arte Juan Carlos Palenzuela, «nos llega este hermoso libro [...] cargado de historias y de historias de personajes, algunos del otro siglo y todos con las uñas llenas de tierra, como perdidos en los patios de sus casas ubicadas en la gran geografía del olvido que es Venezuela».[8]

Aunque Brändli siguió trabajando por muchos años más, *Los páramos se van quedando solos* fue el último de los cinco libros que logró publicar en vida. El título que escogió para esta publicación refleja su preocupación por la migración de los jóvenes del campo hacia las ciudades y su efecto en la desaparición gradual de las tradiciones culturales de los Andes venezolanos, entre ellas las peculiaridades del lenguaje hablado en la región. Tomadas, como era su costumbre, bajo luz natural, las fotografías incluidas en el libro dan muestra de la cotidianidad taciturna y austera de los campesinos andinos. Entrelazada con el registro fotográfico de la vida en los páramos, la transcripción sin alteraciones del testimonio oral de los campesinos evoca en el lector la singular experiencia auditiva del habla del páramo. «Partiendo del principio de que toda habla tiene un valor intrínseco», apunta una nota al principio del libro, «[...] hemos mantenido las incongruencias y redundancias sintácticas [...] así como los arcaísmos, las desviaciones, y las innovaciones del léxico».

---

[8] Juan Carlos Palenzuela, «Así, con las manos», *El Nacional*, 2 de diciembre de 1979.

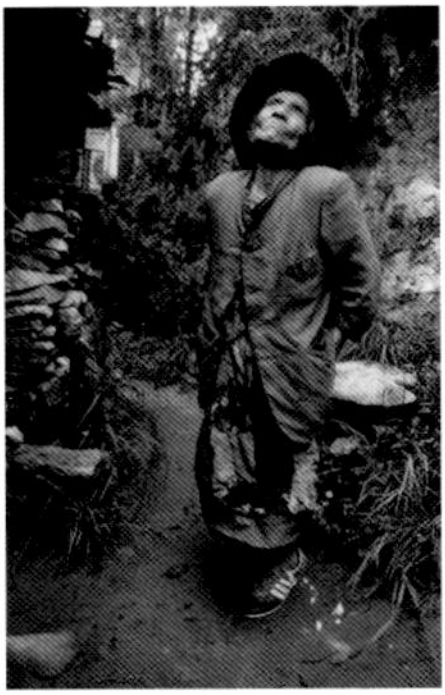

Ermitaña recolectora de musgos, Mucuchíes, Estado Mérida (Venezuela), 1980

Compaginando memoria oral y registro fotográfico, *Los páramos se van quedando solos* fue concebido como el primero de tres libros relativos a las costumbres de los Andes venezolanos. Nunca publicados, los otros dos volúmenes de la trilogía estaban dedicados al cultivo del trigo y a la mitología andina. Afortunadamente, se conservan materiales relativos al trabajo de Brändli en este y otros proyectos que quedaron inconclusos tras su inesperado fallecimiento a finales de 2011, incluyendo decenas de entrevistas y sus transcripciones, maquetas y numerosas fotografías inéditas. La estructura y contenido de su archivo dan cuenta de una práctica fotográfica metódica y paciente, comprometida con el estudio de un país modesto que costaba vislumbrar desde la ambiciosa modernidad de Caracas. «Ahí está el valor humano más grande», aseguraba la fotógrafa en su carta al embajador. Ahí, en la Venezuela distante a la que se acercó con su cámara. Ahí, en la labor paciente de los moradores de la selva, de las montañas, de los pueblos perdidos. Ahí, en la digna autosuficiencia de aquella ermitaña del páramo de Mucuchíes a la que visitaba de vez en cuando y que se ganaba la vida recogiendo musgos para los pesebres navideños.[9]

[9] Agradezco a quienes han tenido la generosidad de compartir conmigo algunos recuerdos de la vida y obra de Brändli, muy especialmente a su hija Karydi Tobito, a sus nietos Ana Karina y Gabriel De Tiberge, a Eduardo Castro, a Javier Aizpurua y a Carolina y Fernando Eseverri.

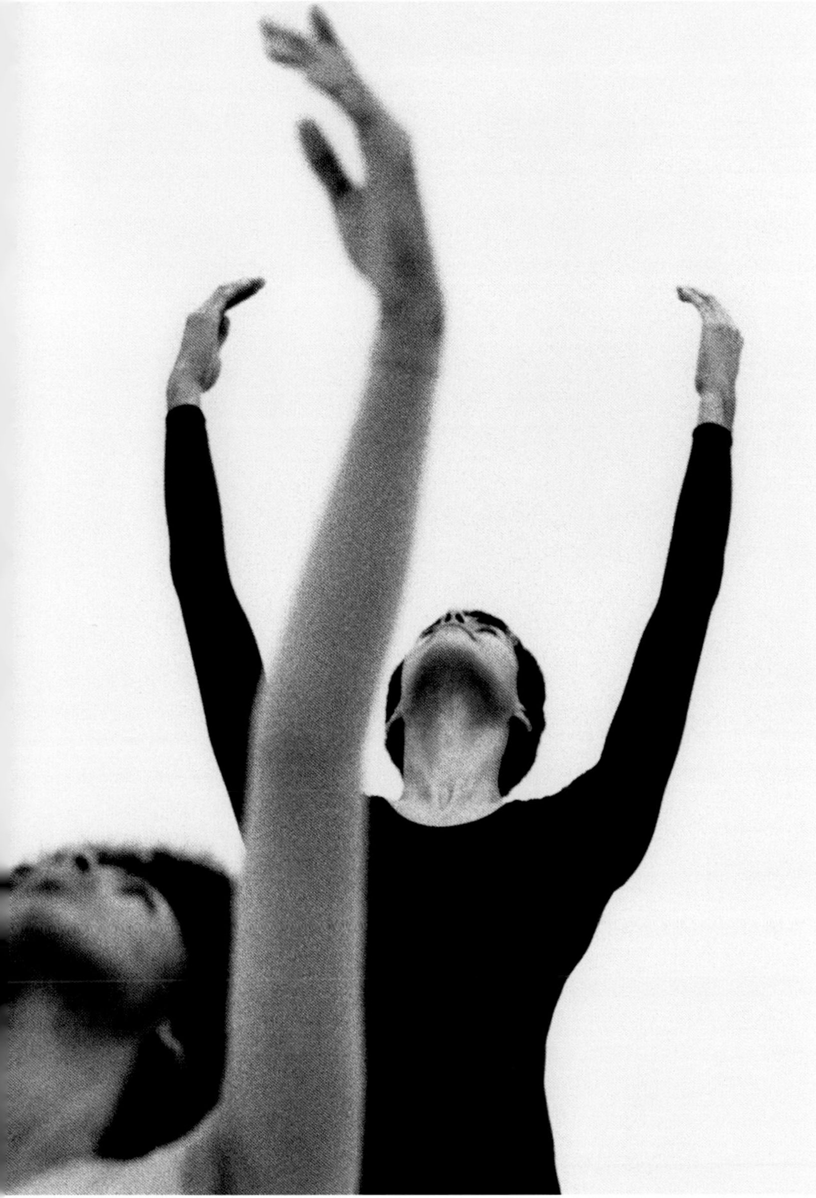

1. Fundación de Danza Contemporánea. Caracas, 1962

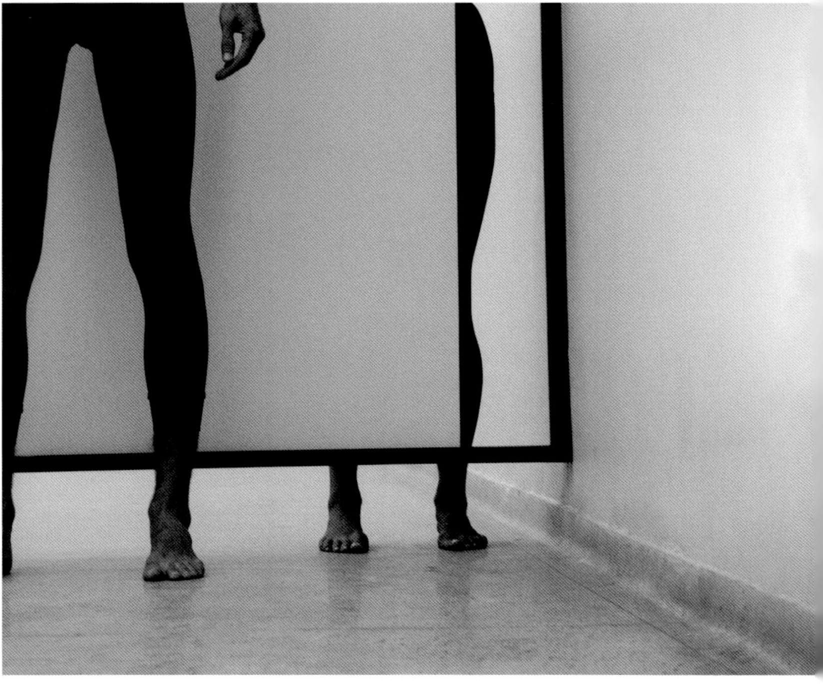

02. Fundación de Danza Contemporánea. Caracas, 1962

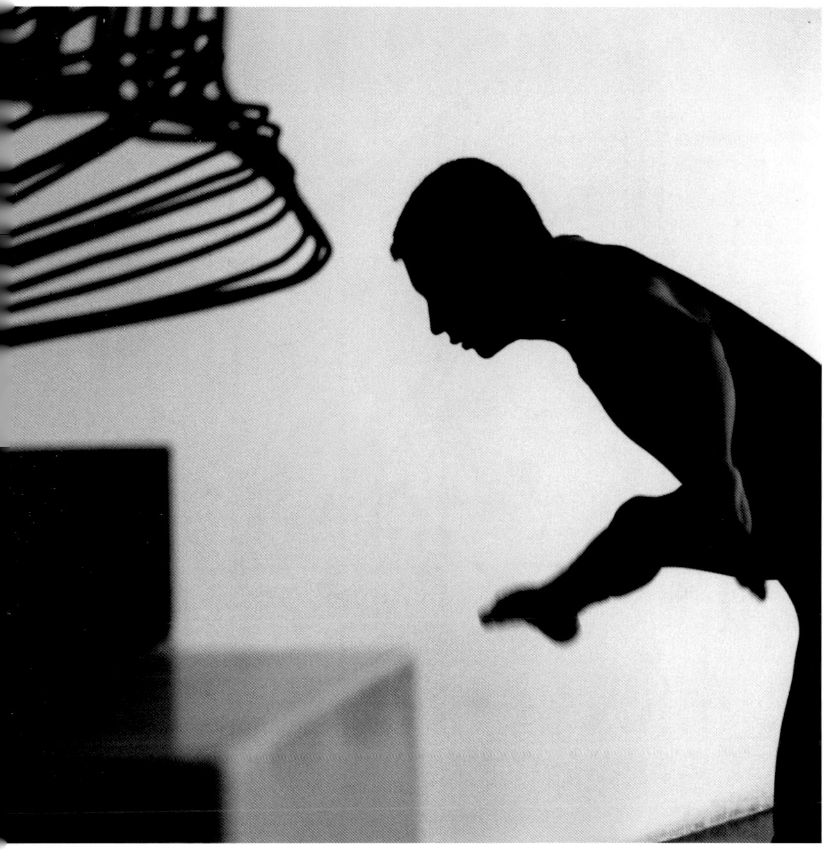

3. Fundación de Danza Contemporánea. Caracas, 1962

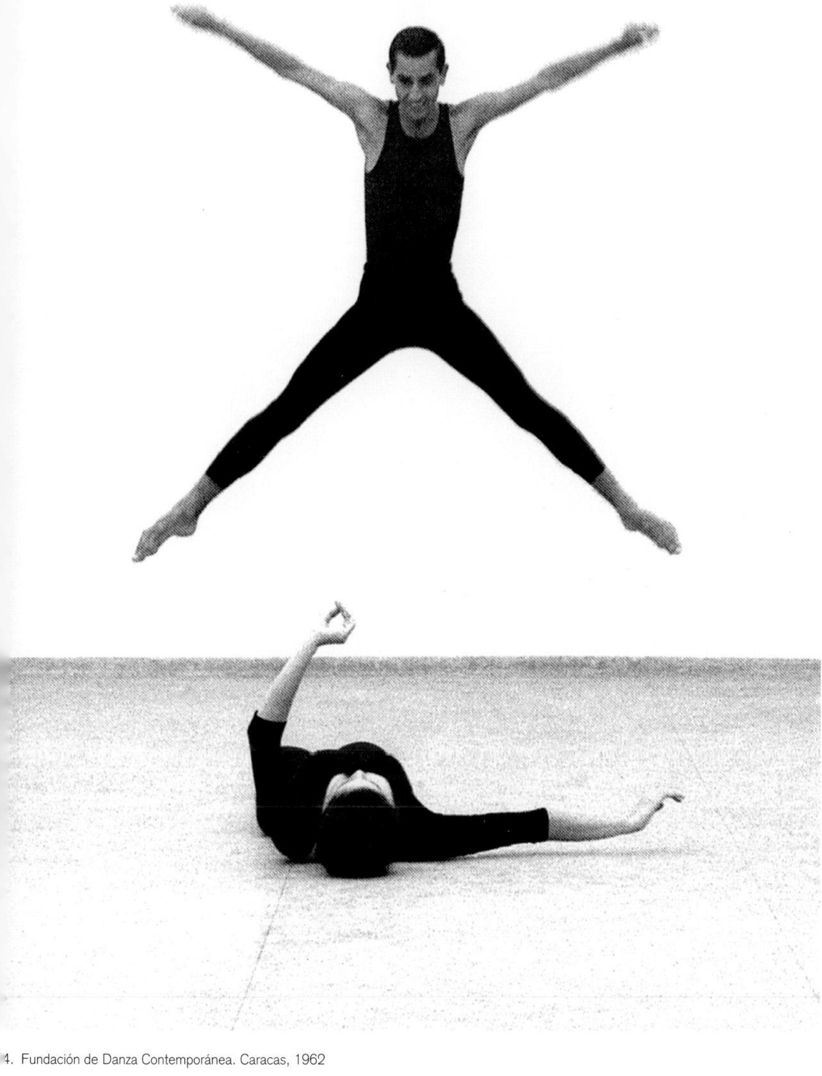

4. Fundación de Danza Contemporánea. Caracas, 1962

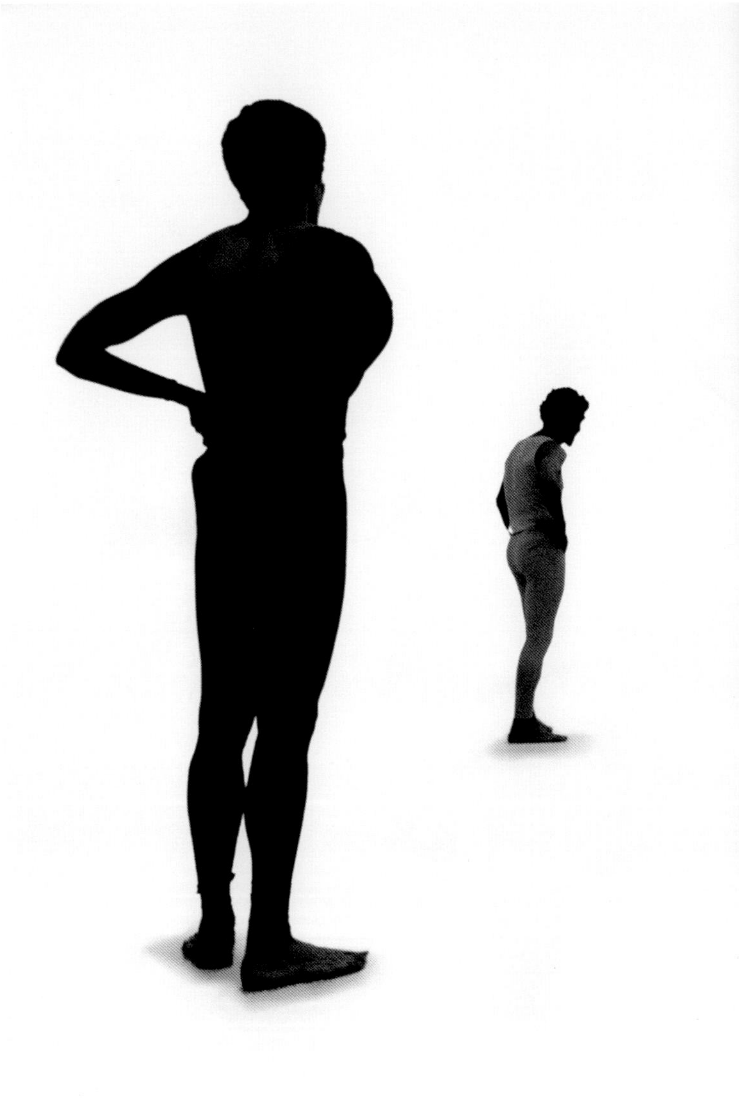

05. Fundación de Danza Contemporánea. Caracas, 1962

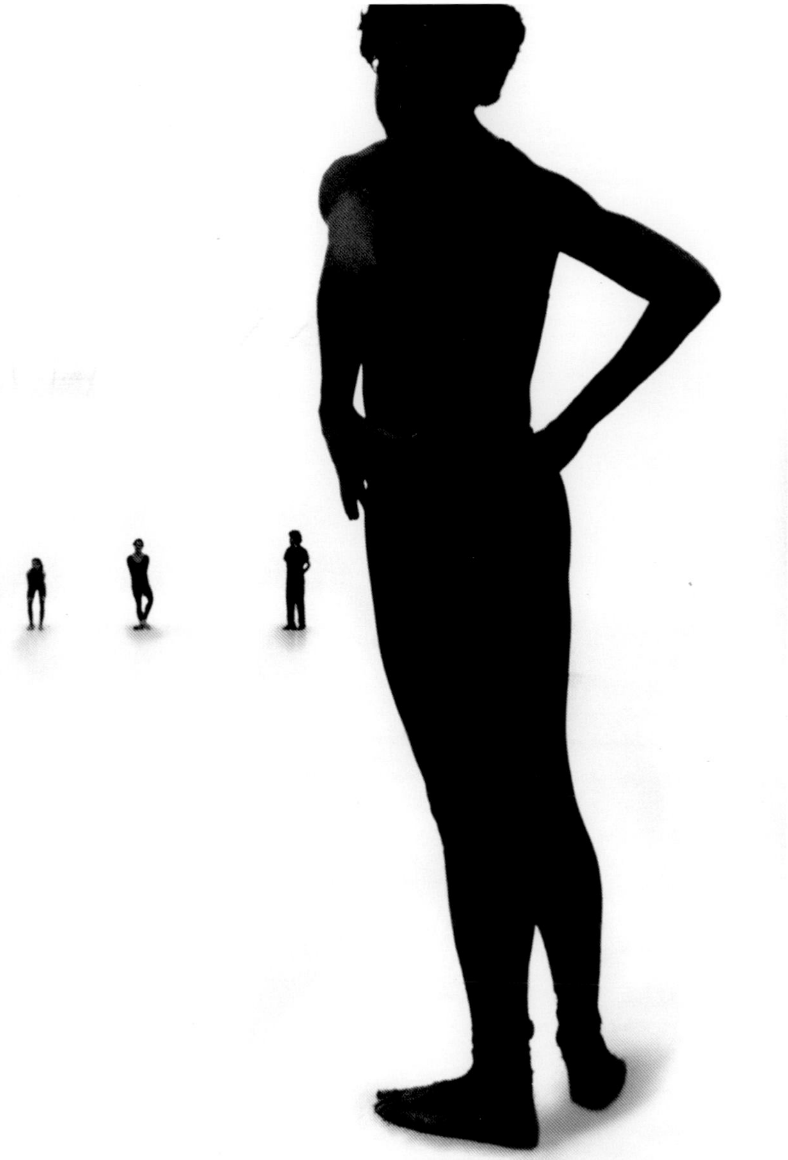

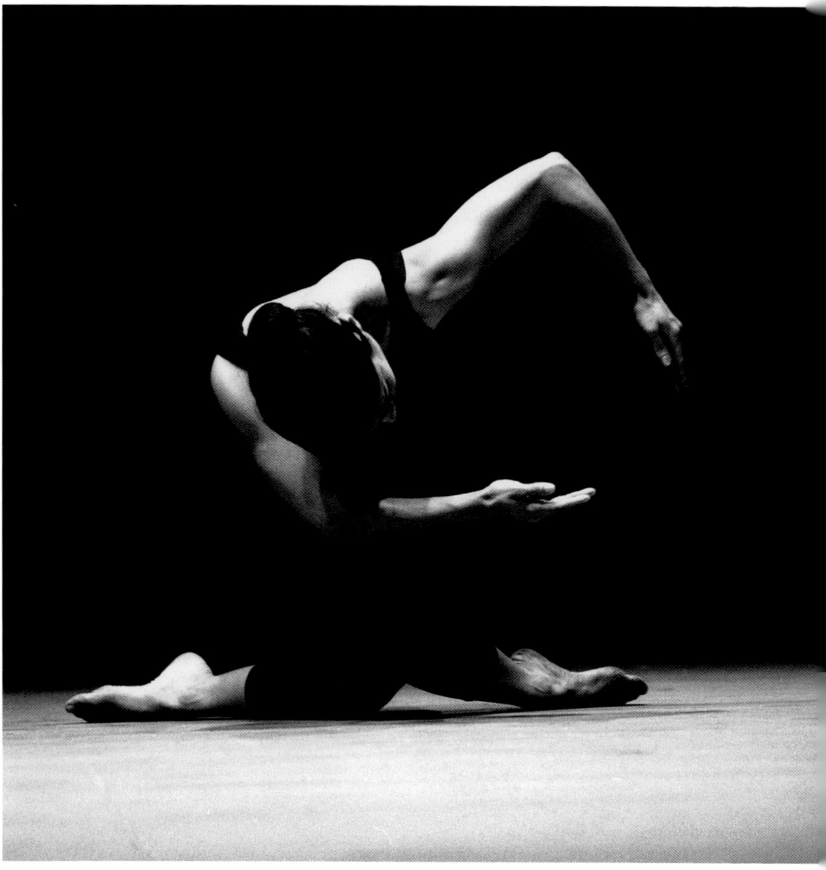

06. Sonia Sanoja. Museo de Bellas Artes de Caracas, 1965

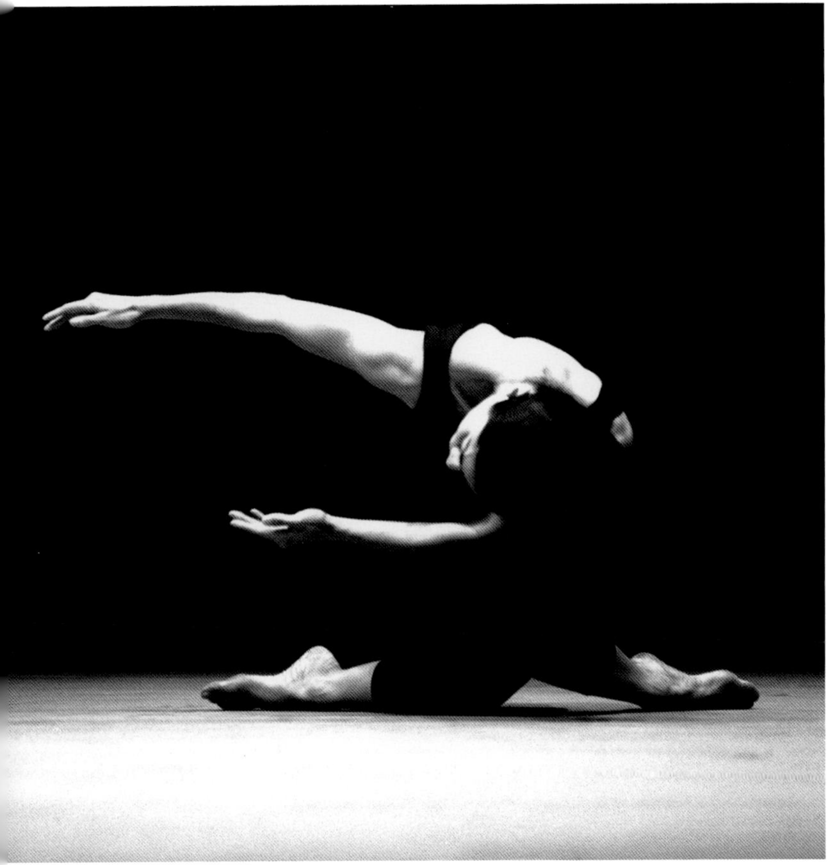

)7. Sonia Sanoja. Museo de Bellas Artes de Caracas, 1965

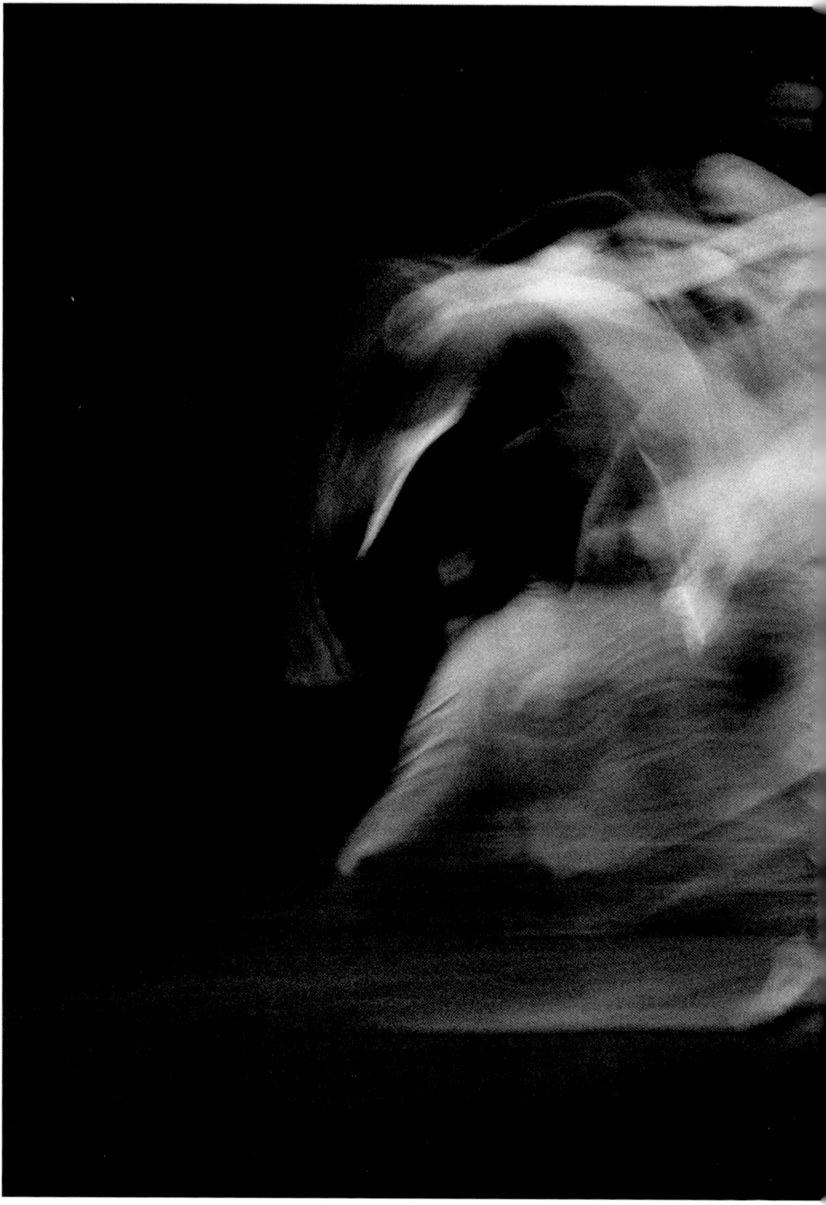

08. Fantasmas, 1965

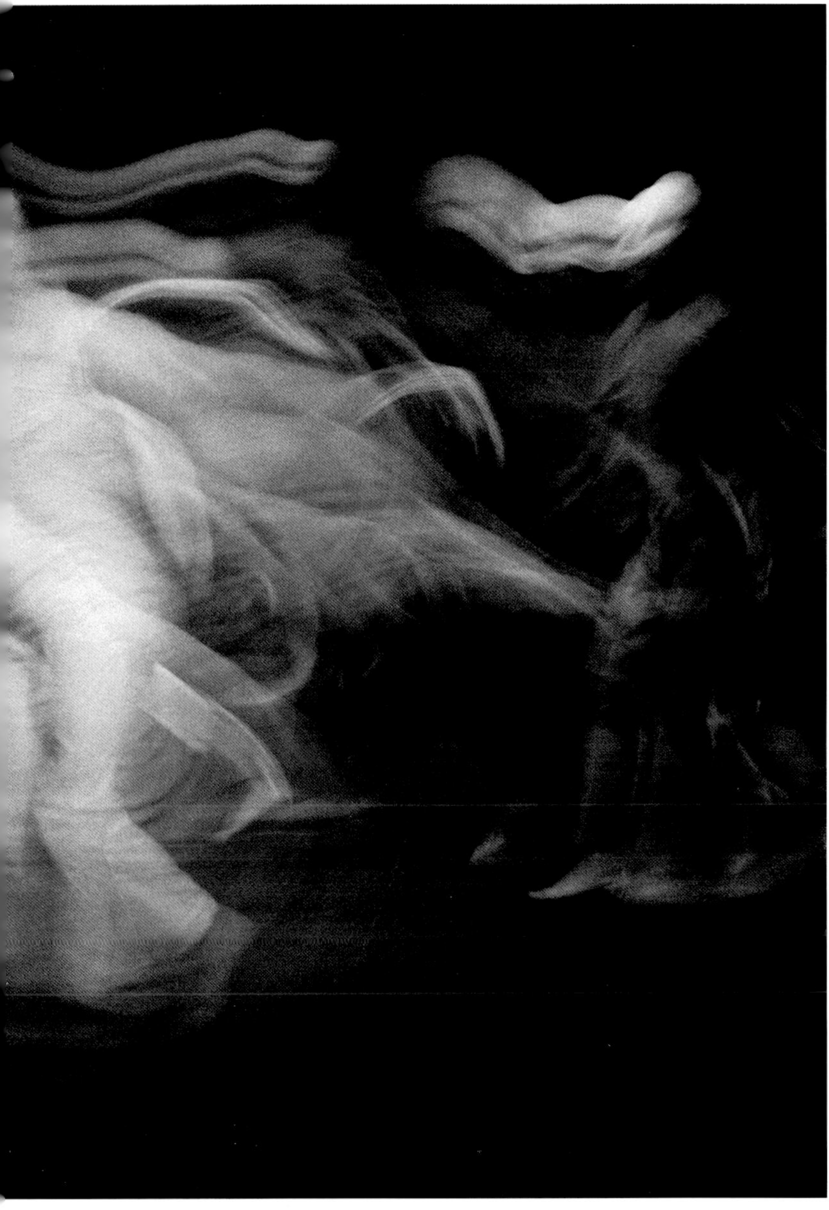

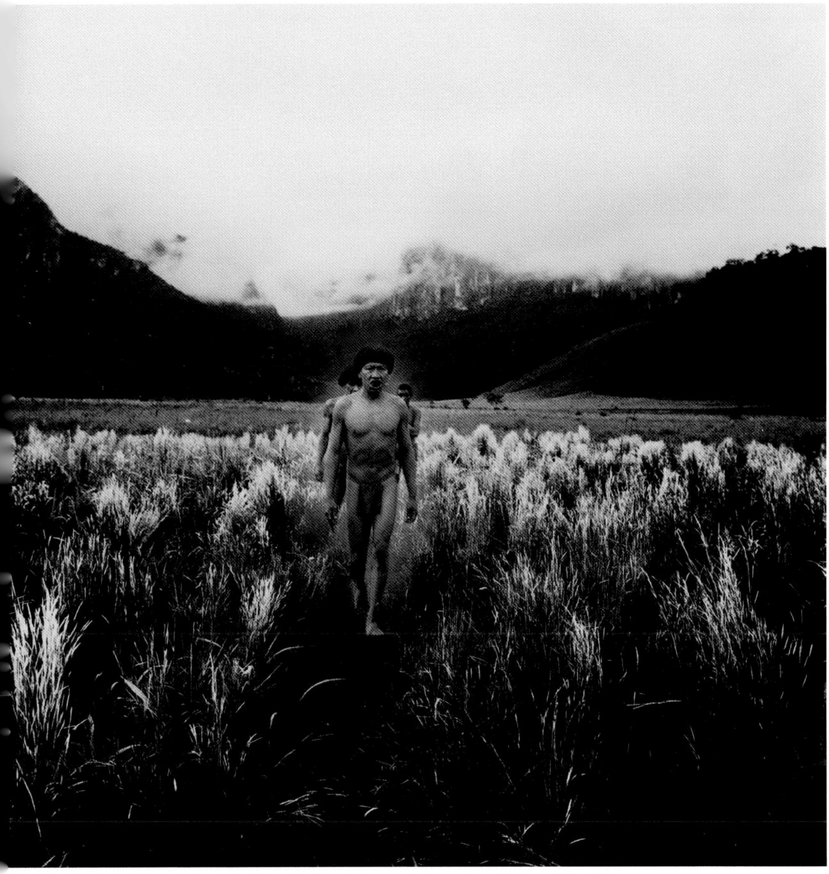

)9. Jóvenes sanemás. Kanarakuni, región del Alto Caura, Estado Bolívar (Venezuela), 1964

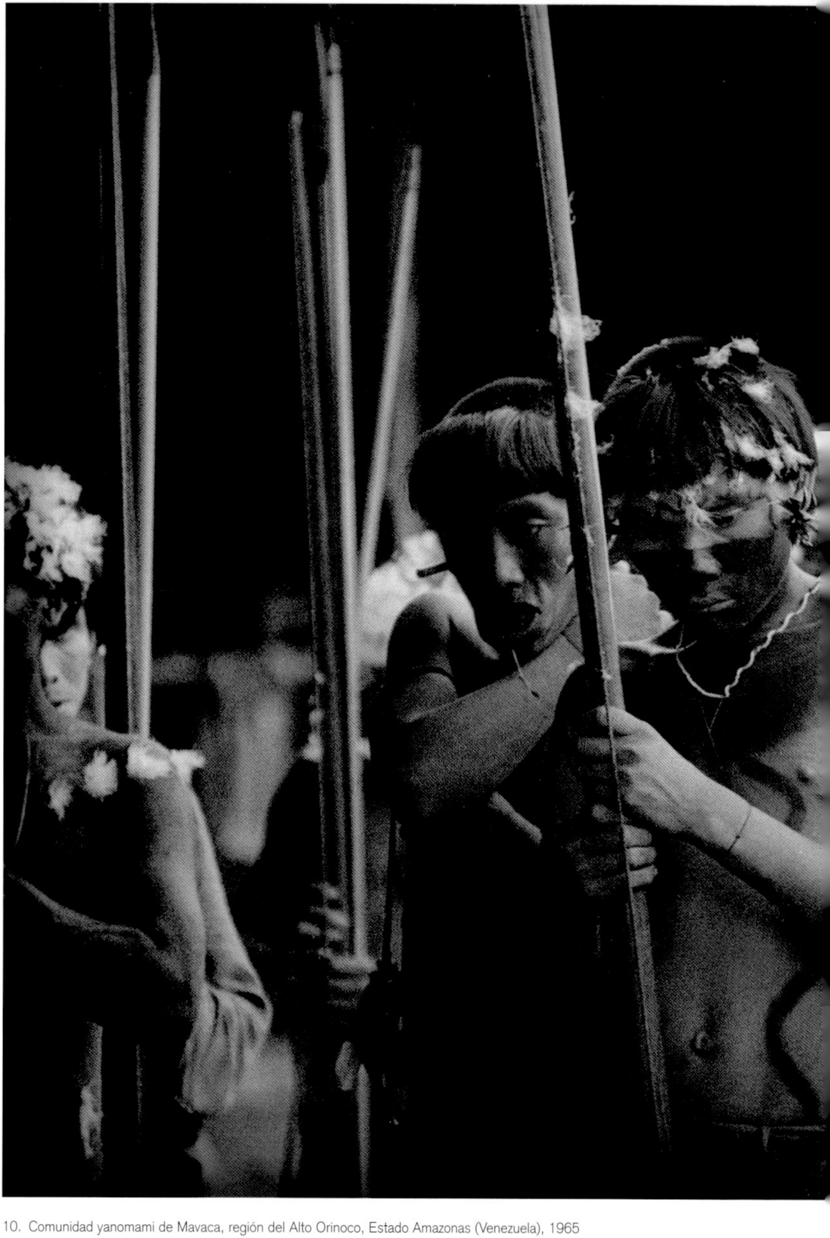

10. Comunidad yanomami de Mavaca, región del Alto Orinoco, Estado Amazonas (Venezuela), 1965

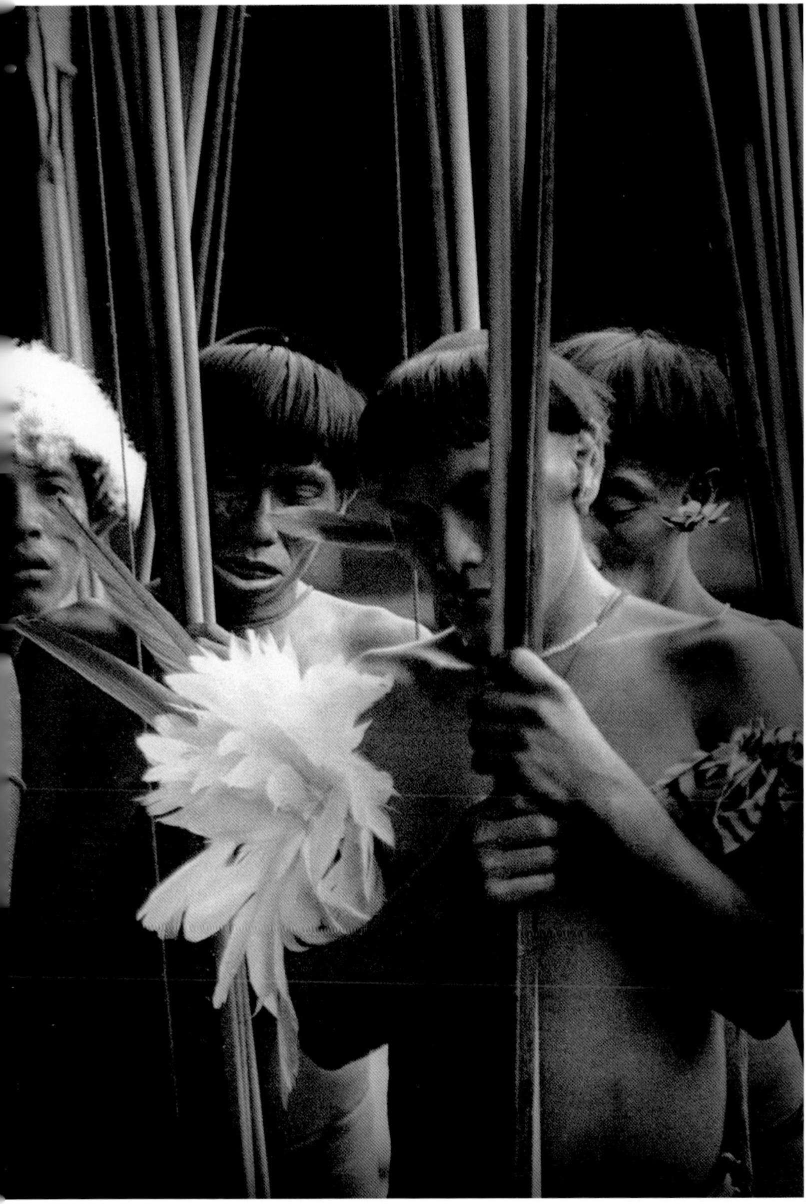

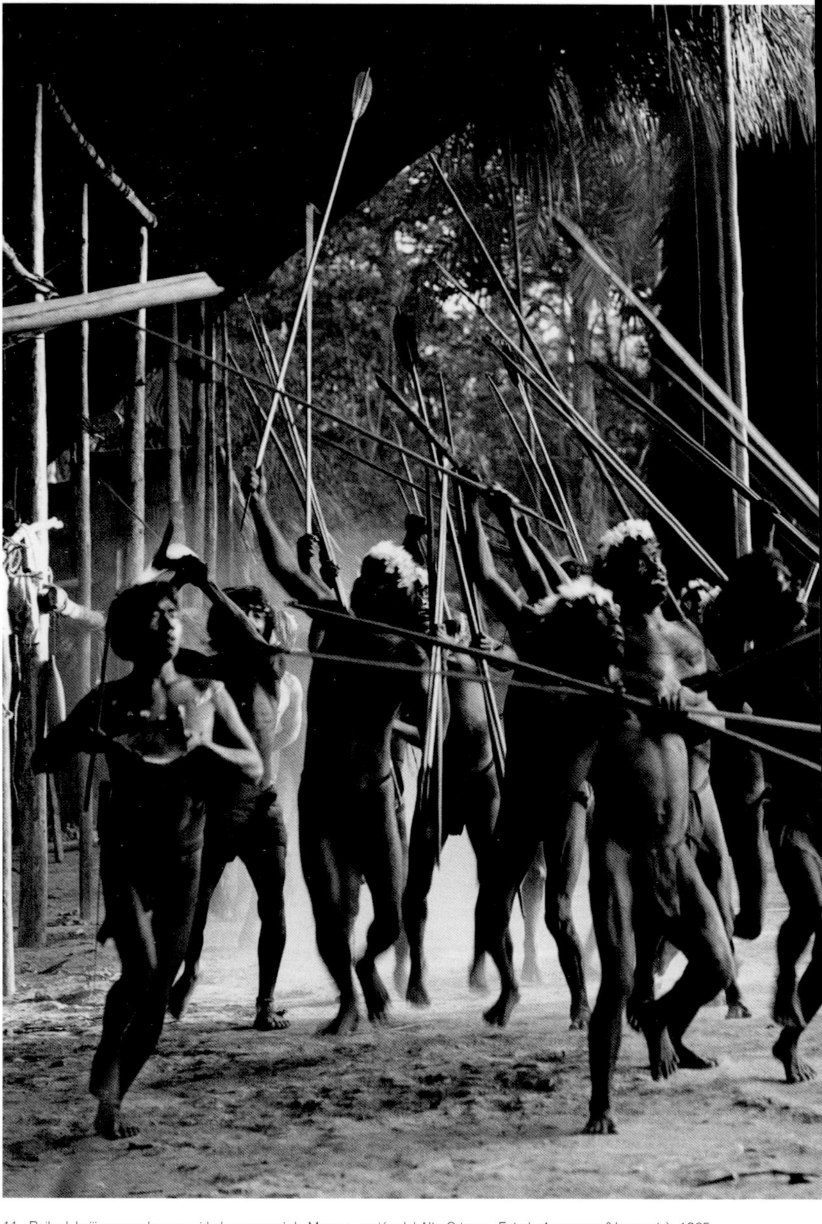

11. Baile del pijiguao en la comunidad yanomami de Mavaca, región del Alto Orinoco, Estado Amazonas (Venezuela), 1965

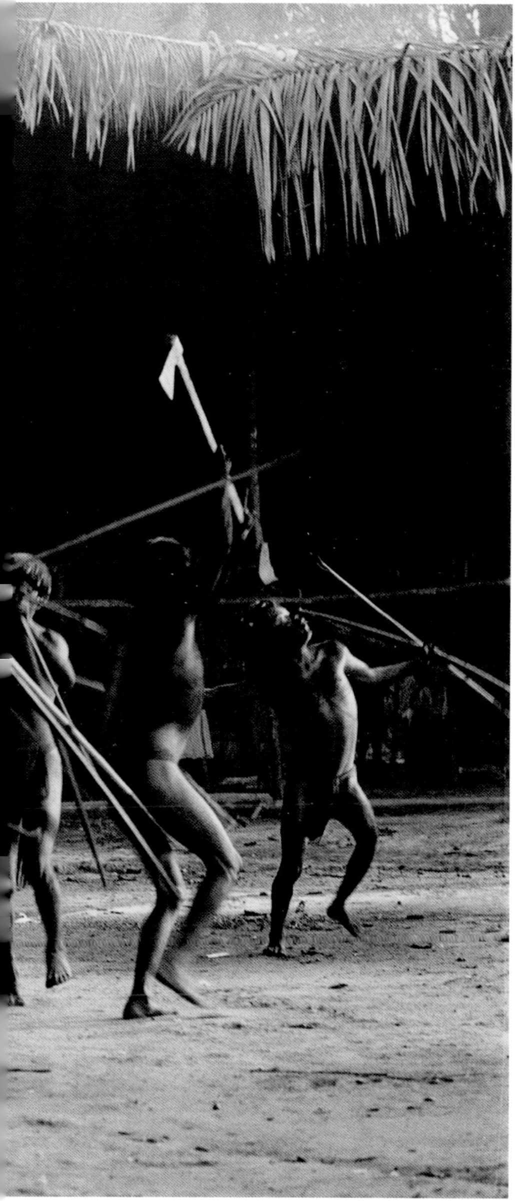

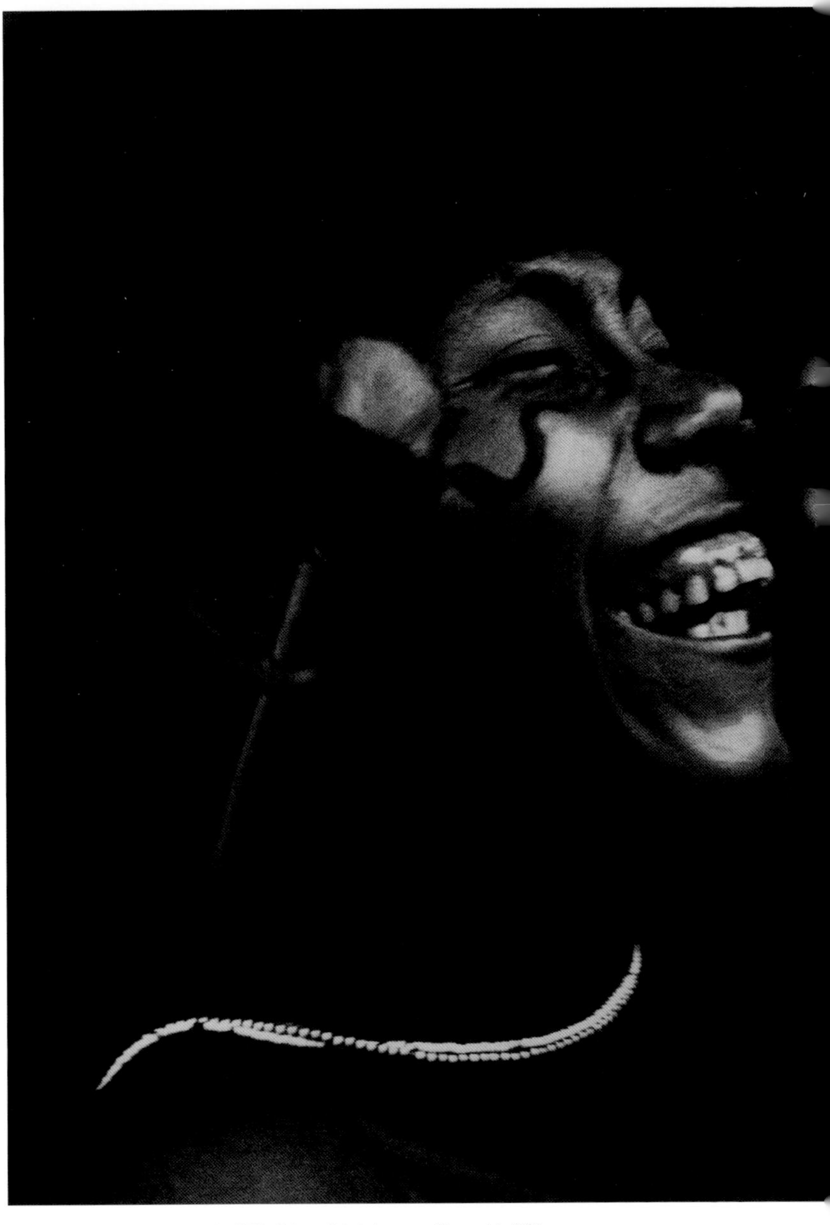

12. Joven yanomami. Mavaca, región del Alto Orinoco, Estado Amazonas (Venezuela), 1965

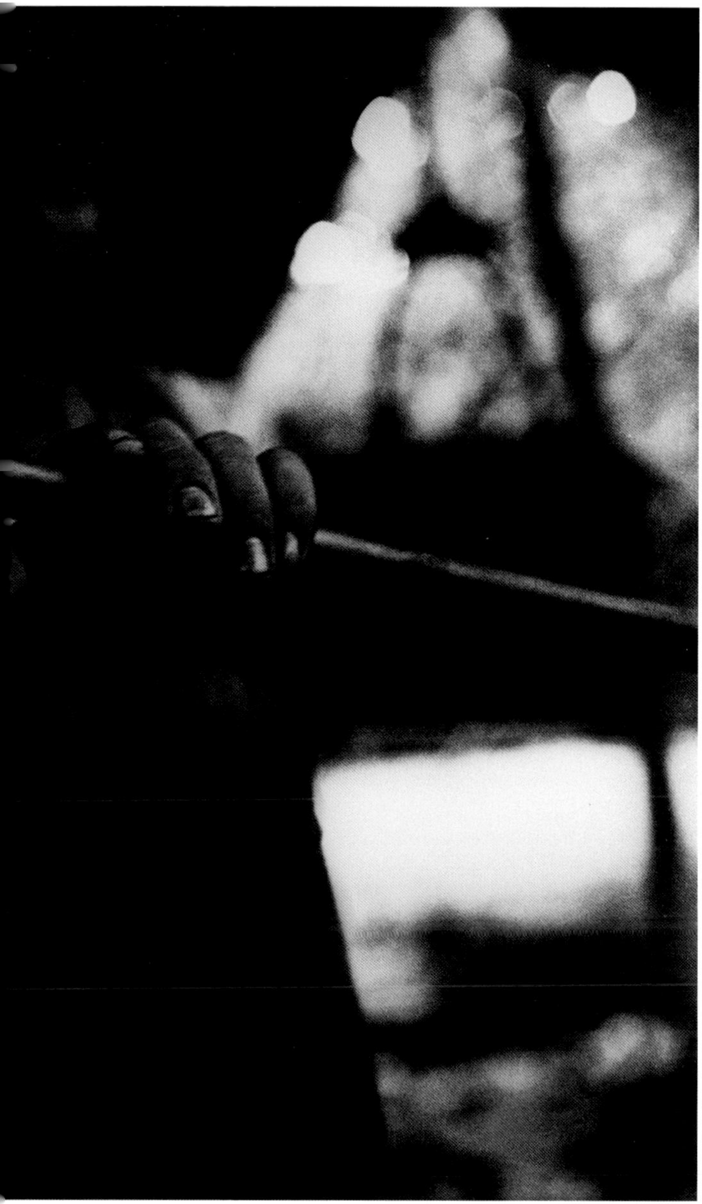

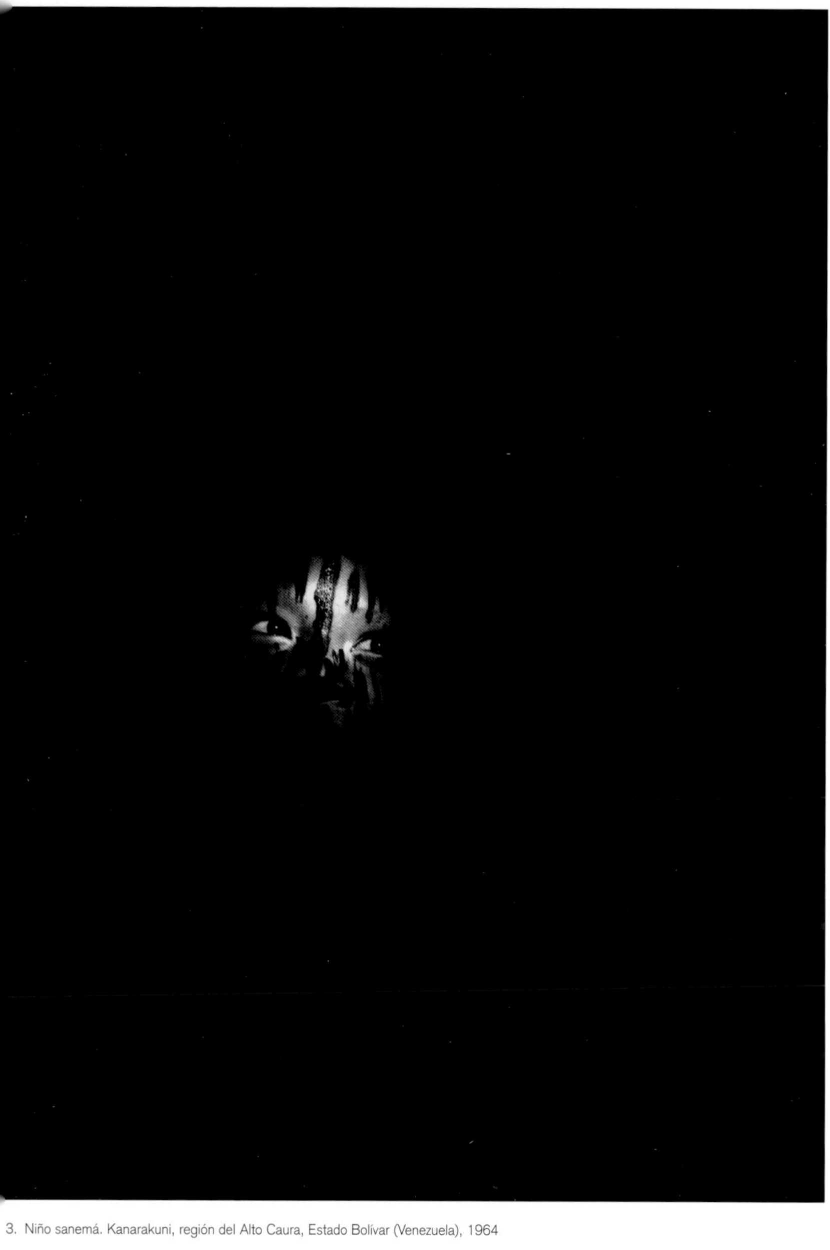

3. Niño sanemá. Kanarakuni, región del Alto Caura, Estado Bolívar (Venezuela), 1964

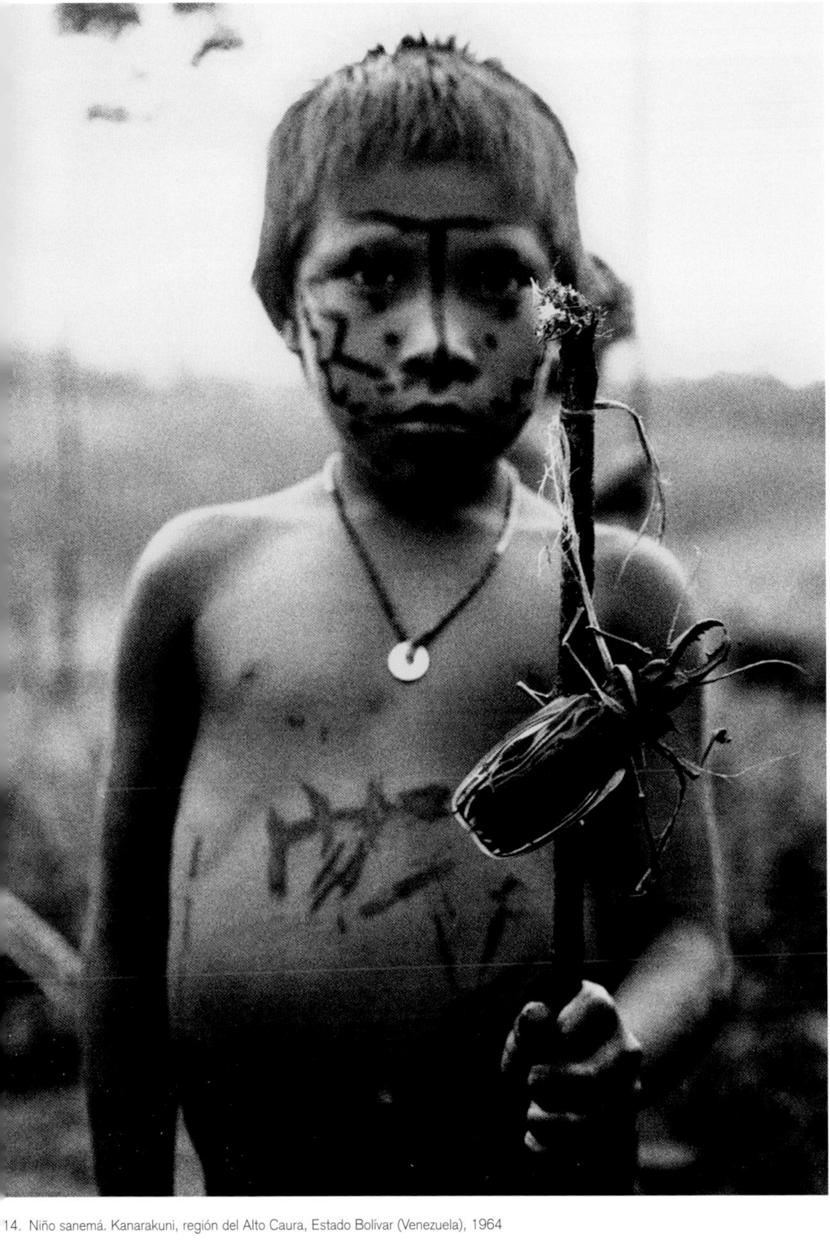

14. Niño sanemá. Kanarakuni, región del Alto Caura, Estado Bolívar (Venezuela), 1964

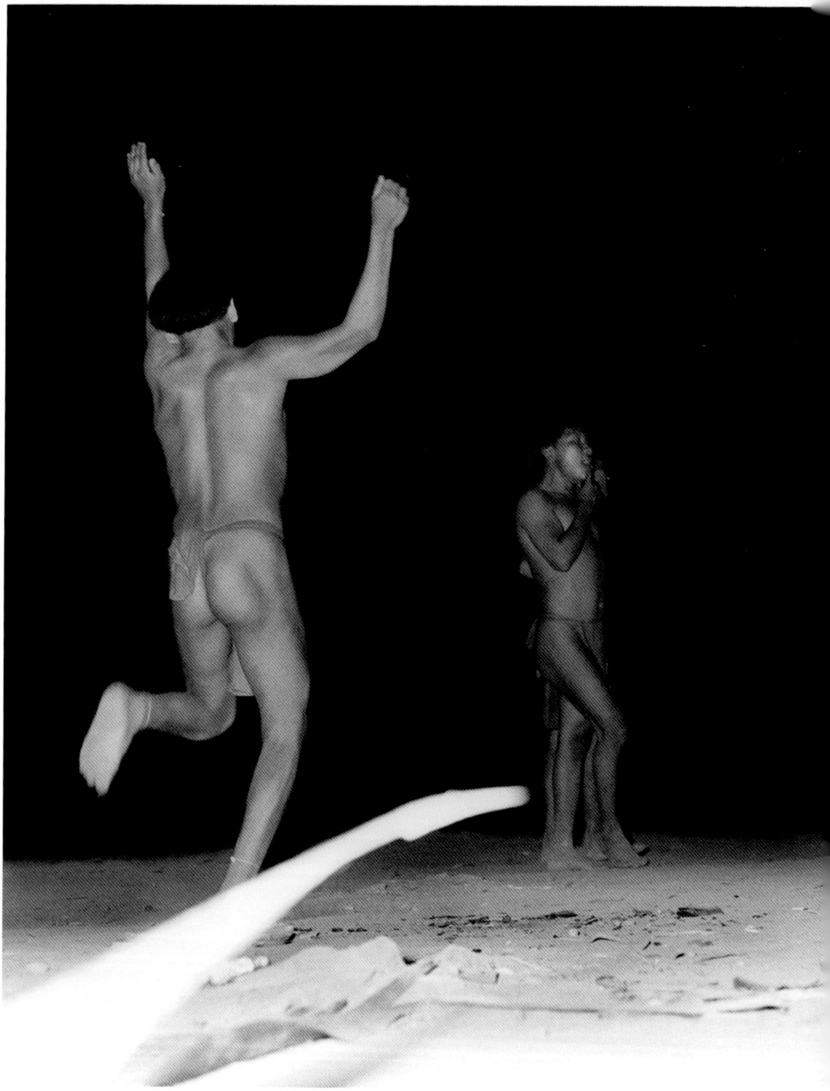

15. Jóvenes sanemás. Kanarakuni, región del Alto Caura, Estado Bolívar (Venezuela), 1964

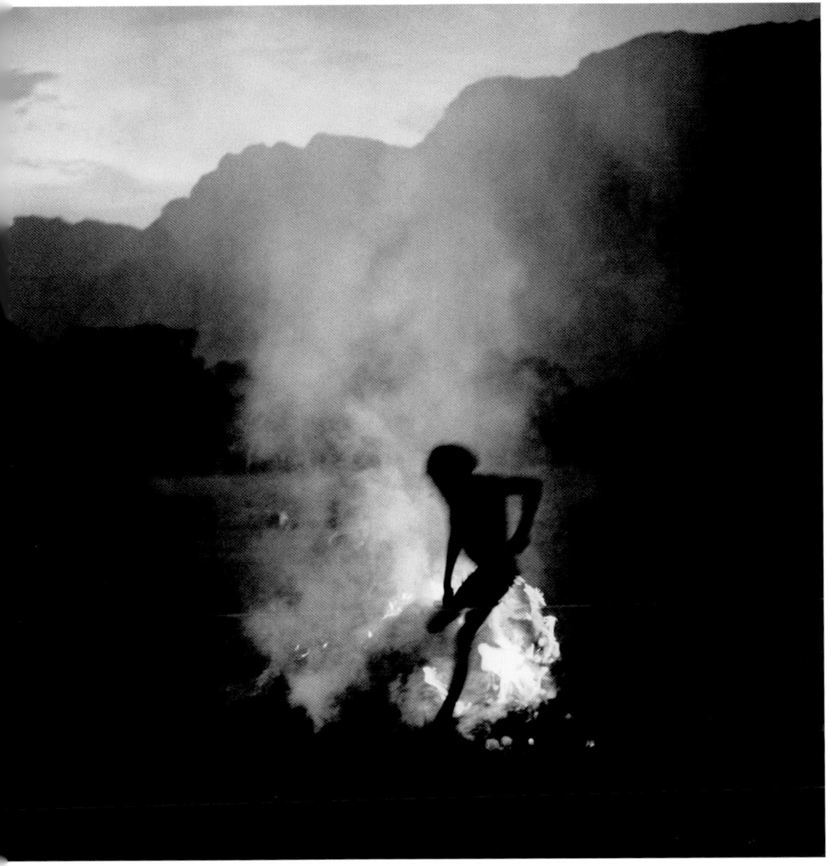

16. Jóvenes sanemás. Kanarakuni, región del Alto Caura, Estado Bolívar (Venezuela), 1964

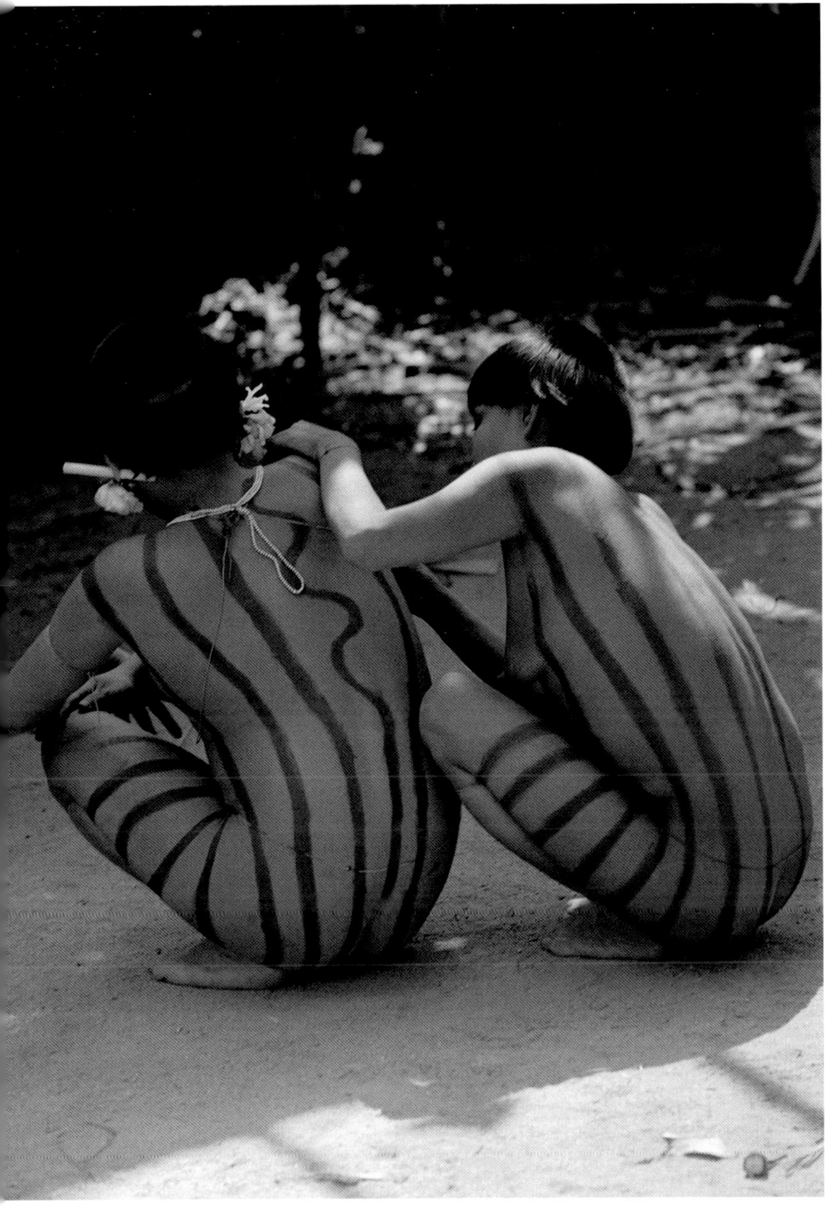

7. Jóvenes yanomamis. Mavaca, región del Alto Orinoco, Estado Amazonas (Venezuela), 1965

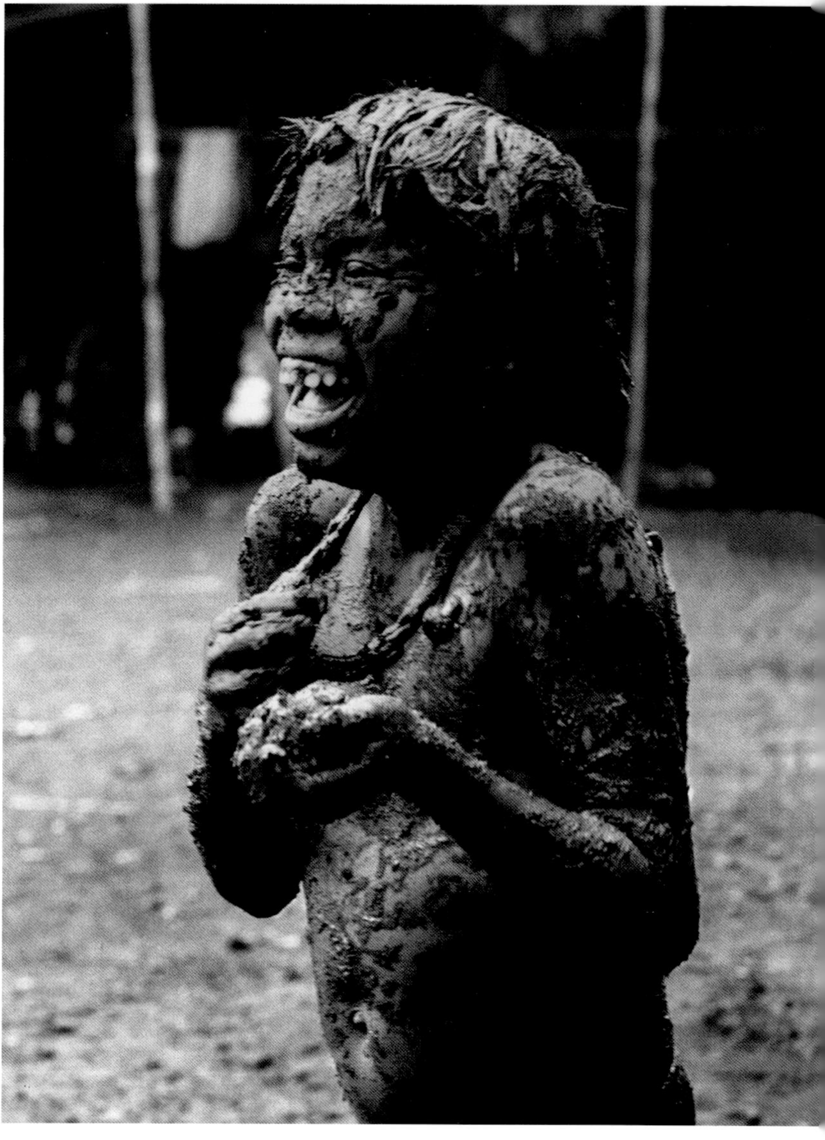

18. Niño en la comunidad yanomami de Mavaca, región del alto Orinoco, Estado Amazonas (Venezuela), 1965

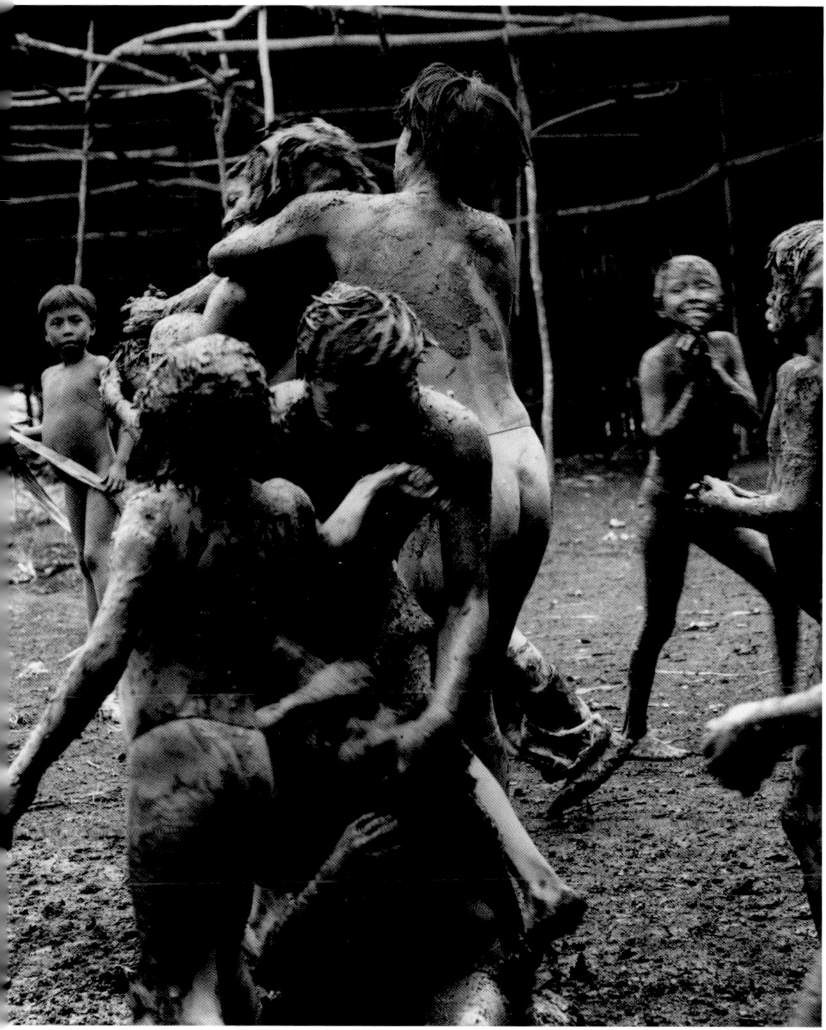

9. Niños jugando en la comunidad yanomami de Mavaca, región del alto Orinoco, Estado Amazonas (Venezuela), 1965

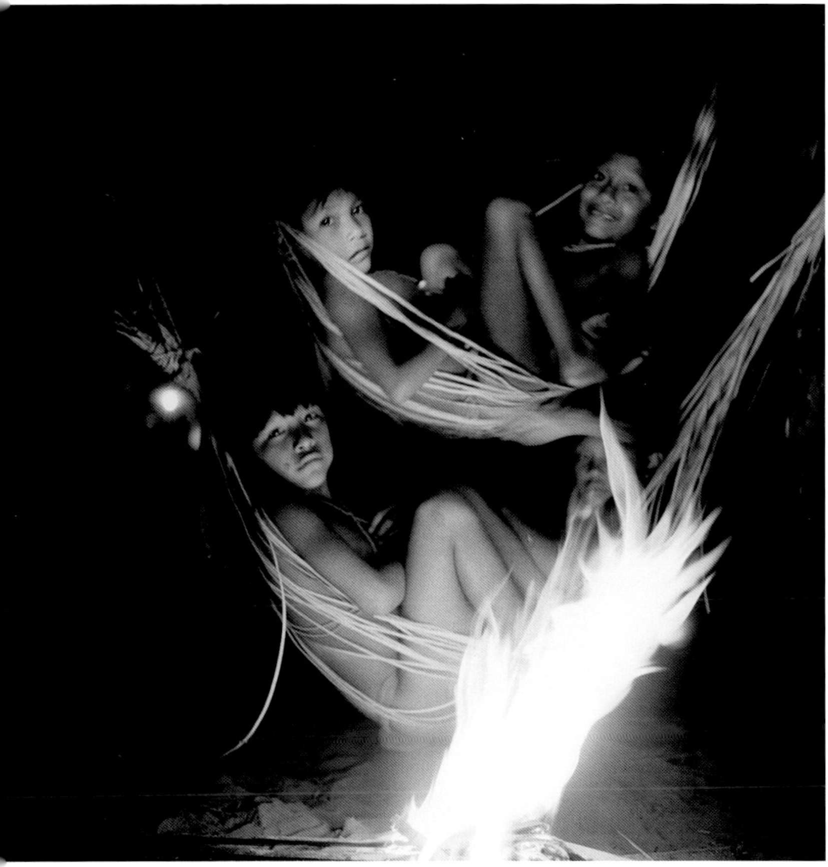

:0. Niños sanemás. Kanarakuni, región del Alto Caura, Estado Bolívar (Venezuela), 1964

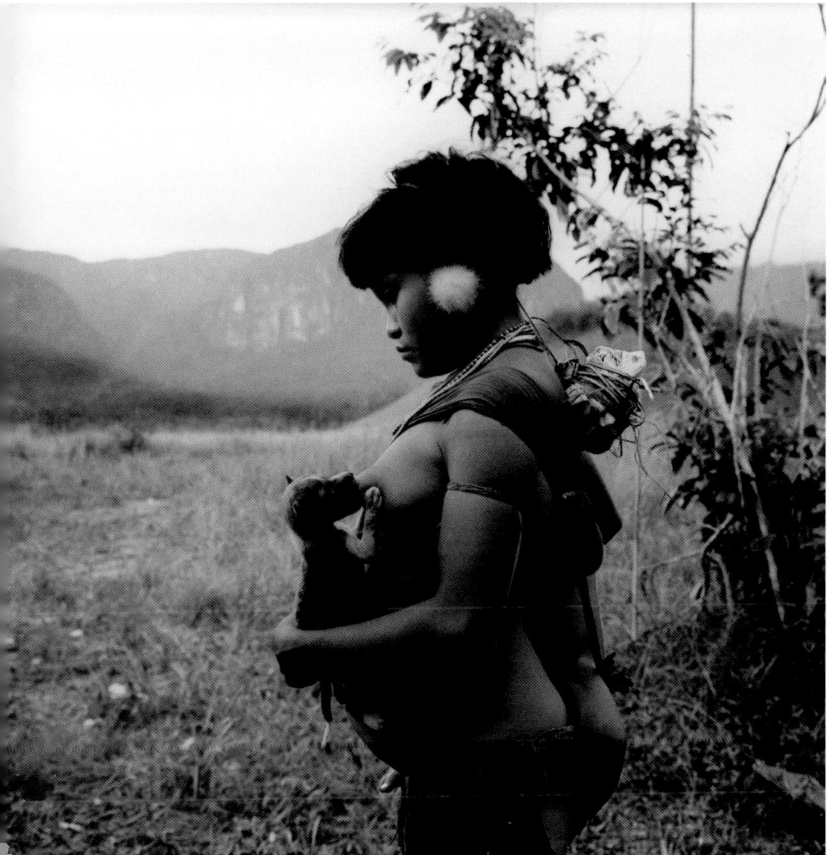

21. Mujer ye'kuana. Kanarakuni, región del Alto Caura, Estado Bolívar (Venezuela), 1964

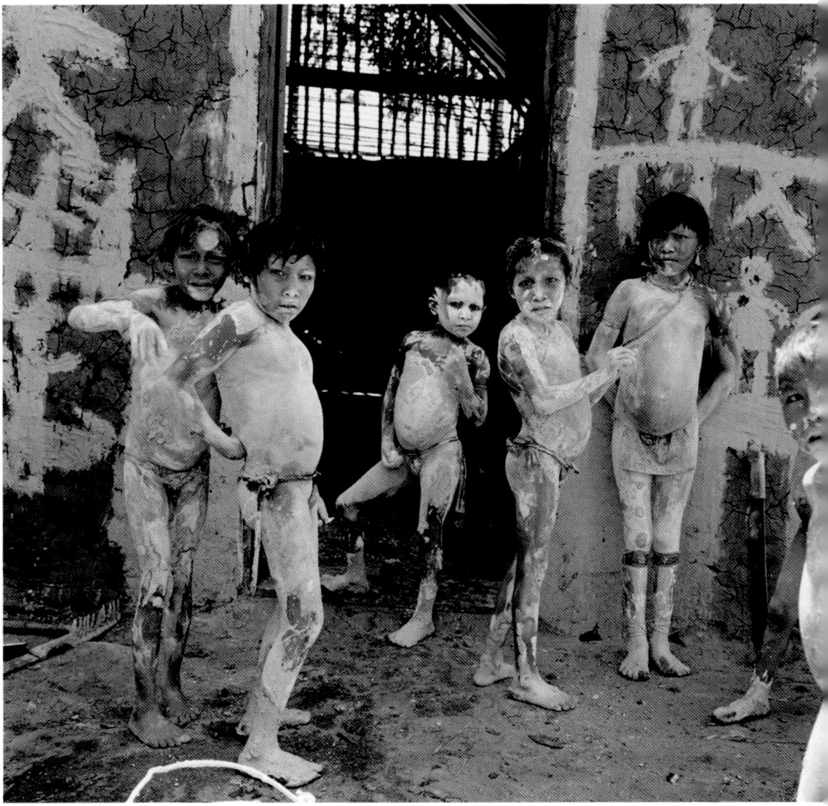

22. Niños ye'kuanas y sanemás. Kanarakuni, región del Alto Caura, Estado Bolívar (Venezuela), 1964

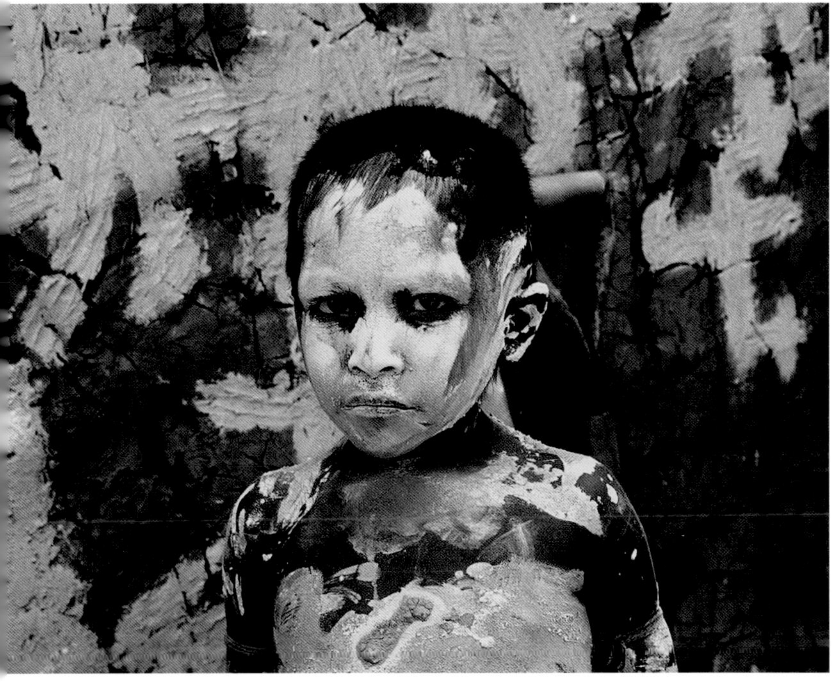

23. Niño ye'kuana. Kanarakuni, región del Alto Caura, Estado Bolívar (Venezuela), 1964

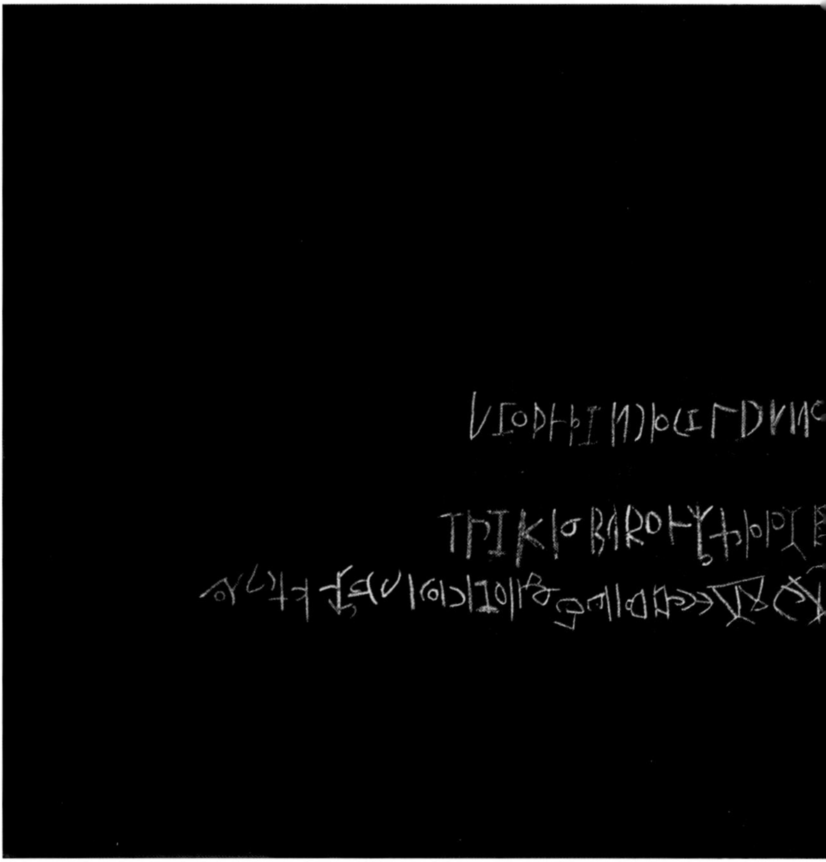

24. Inscripciones en el pizarrón de la escuela de la comunidad de Kanarakuni, región del Alto Caura, Estado Bolívar (Venezuela), 1964

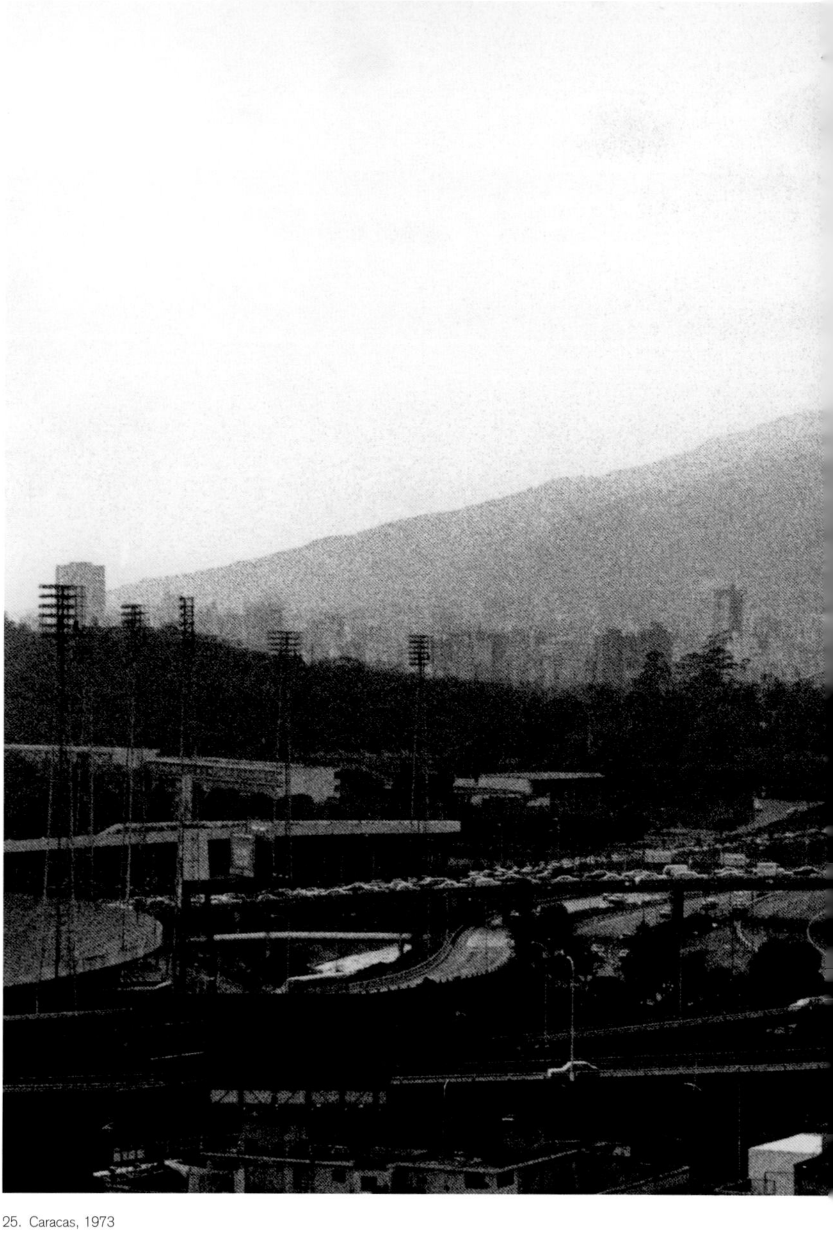

25. Caracas, 1973

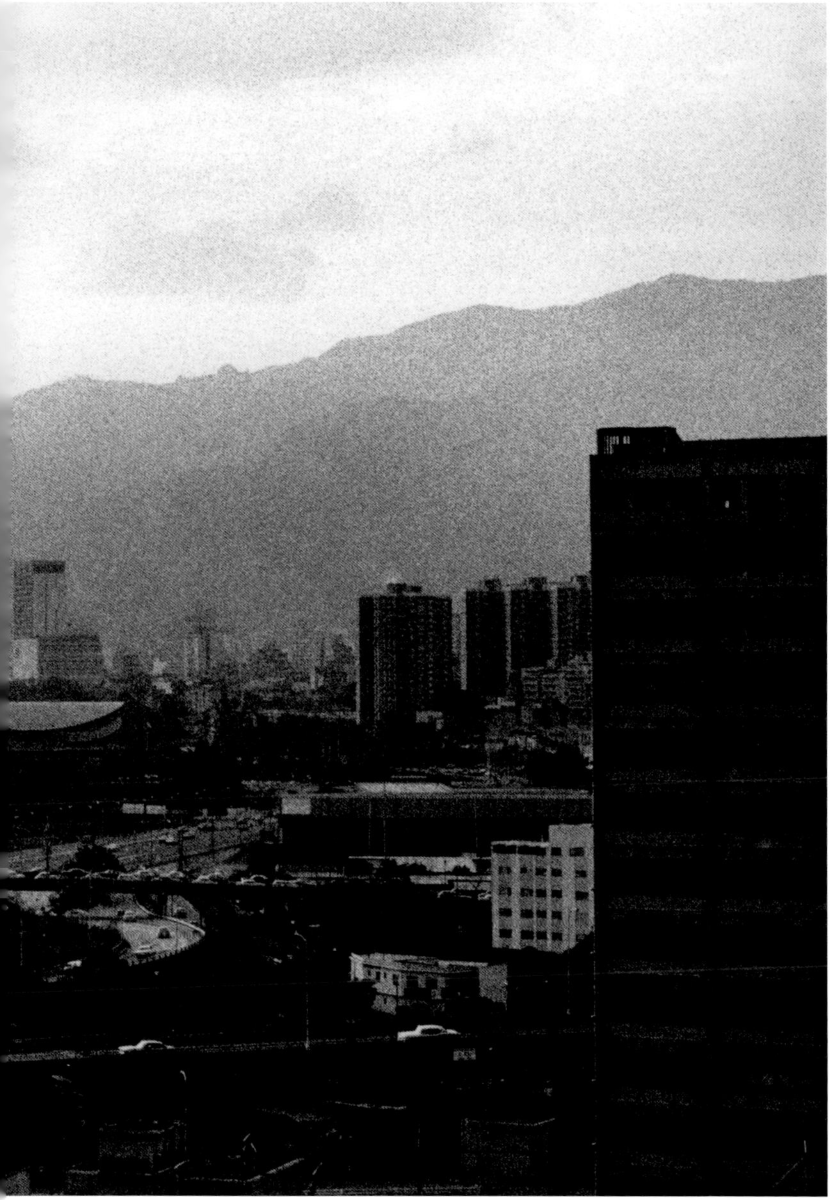

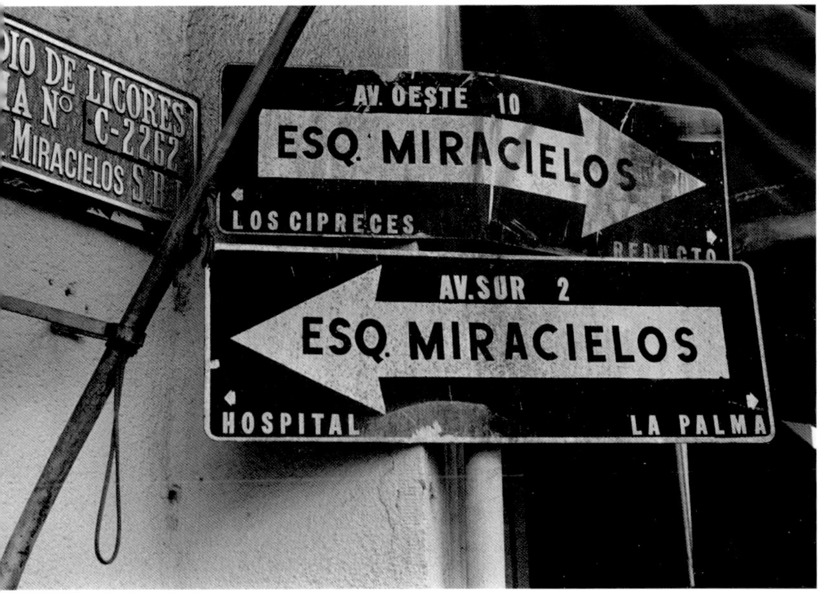

26. Esquina de Miracielos. Caracas, 1974

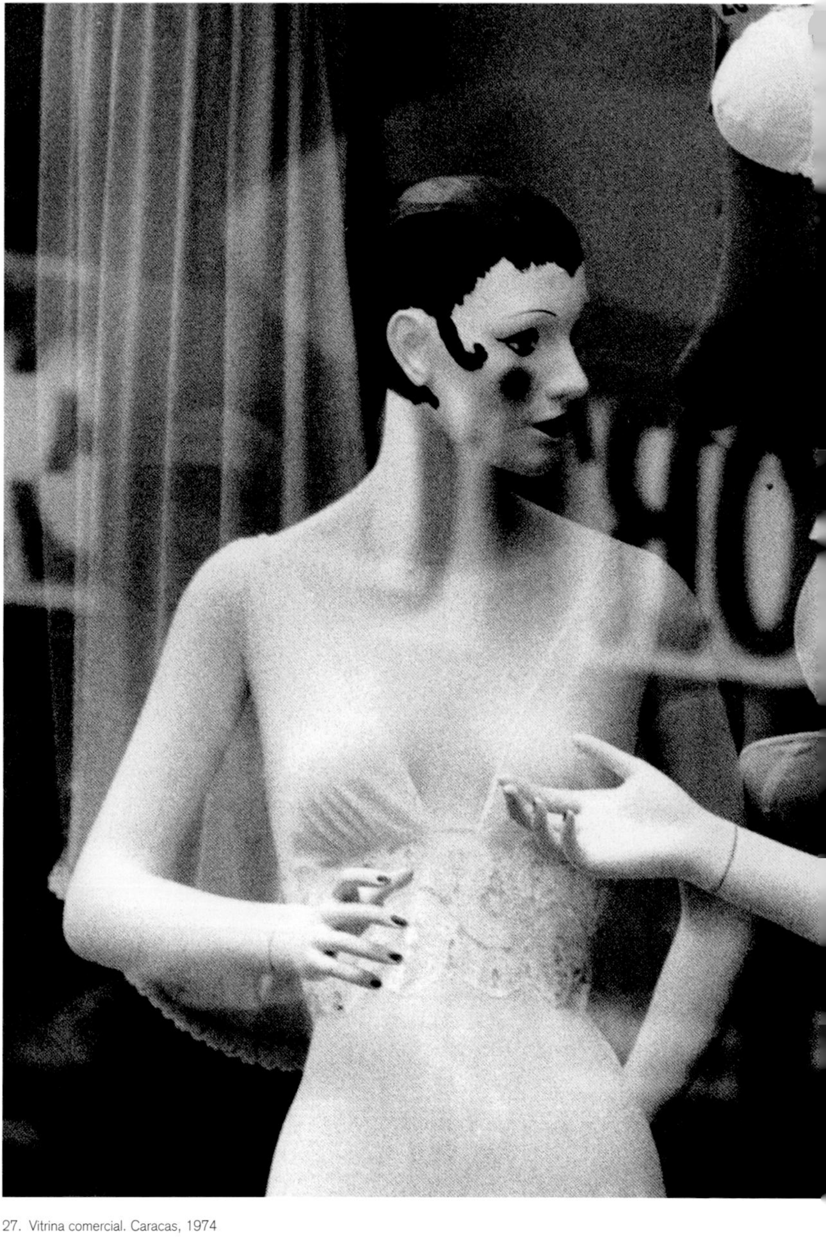

27. Vitrina comercial. Caracas, 1974

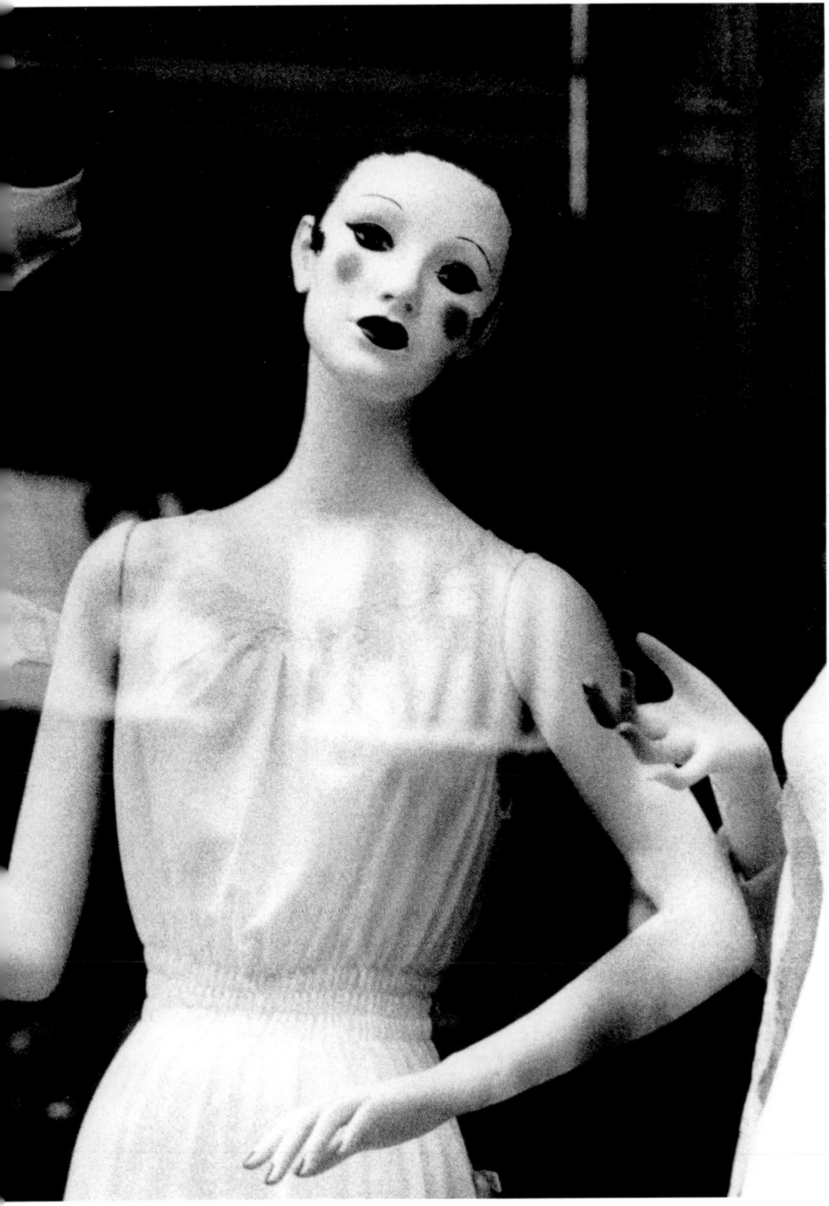

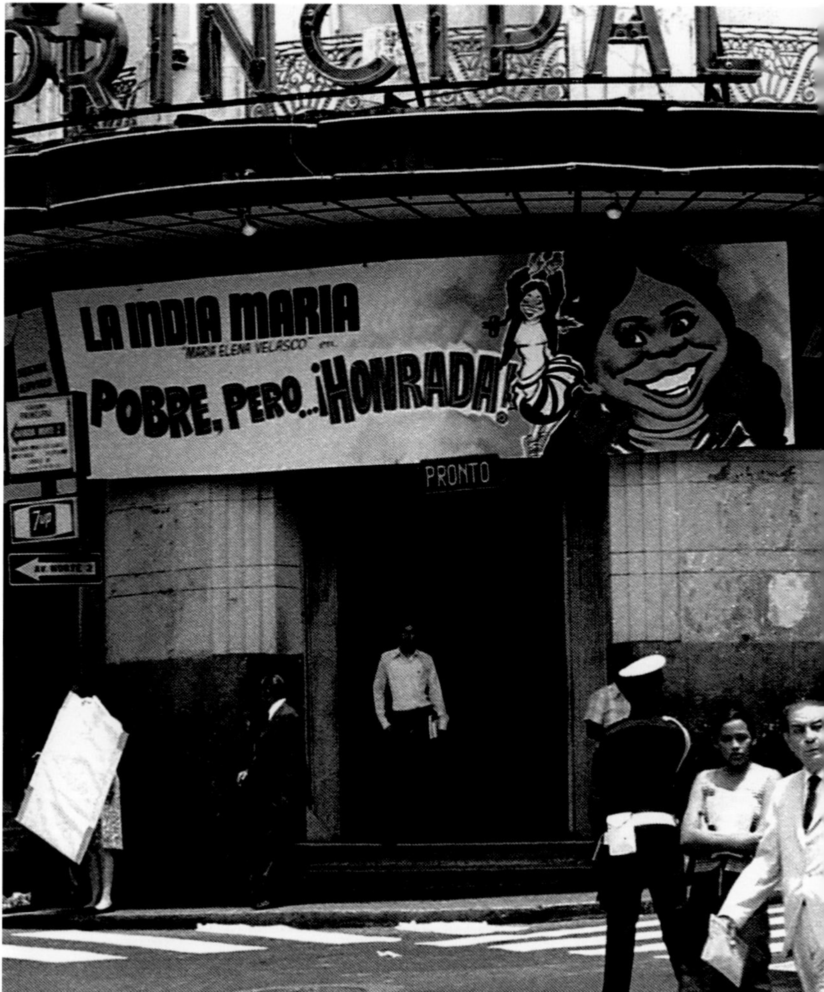

28. Esquina Principal. Caracas, 1974

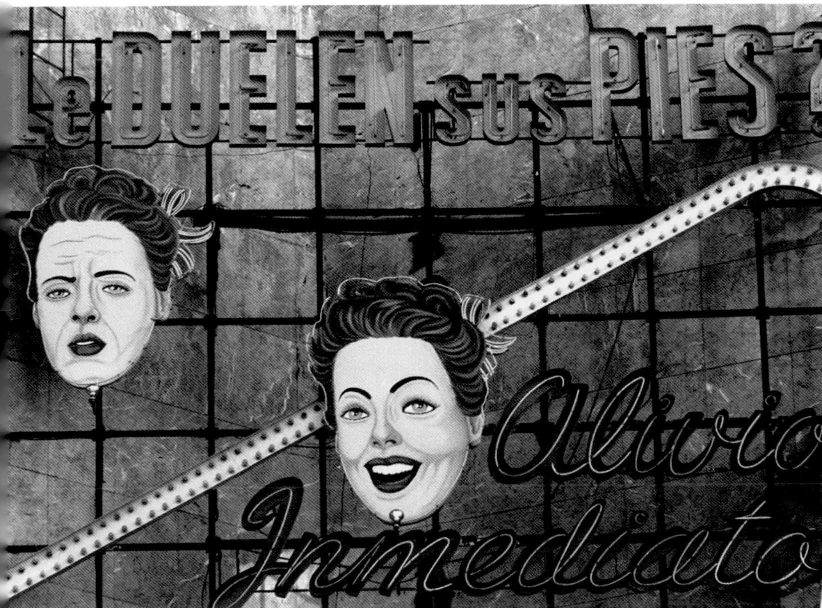

29. Avenida Urdaneta. Caracas, 1974

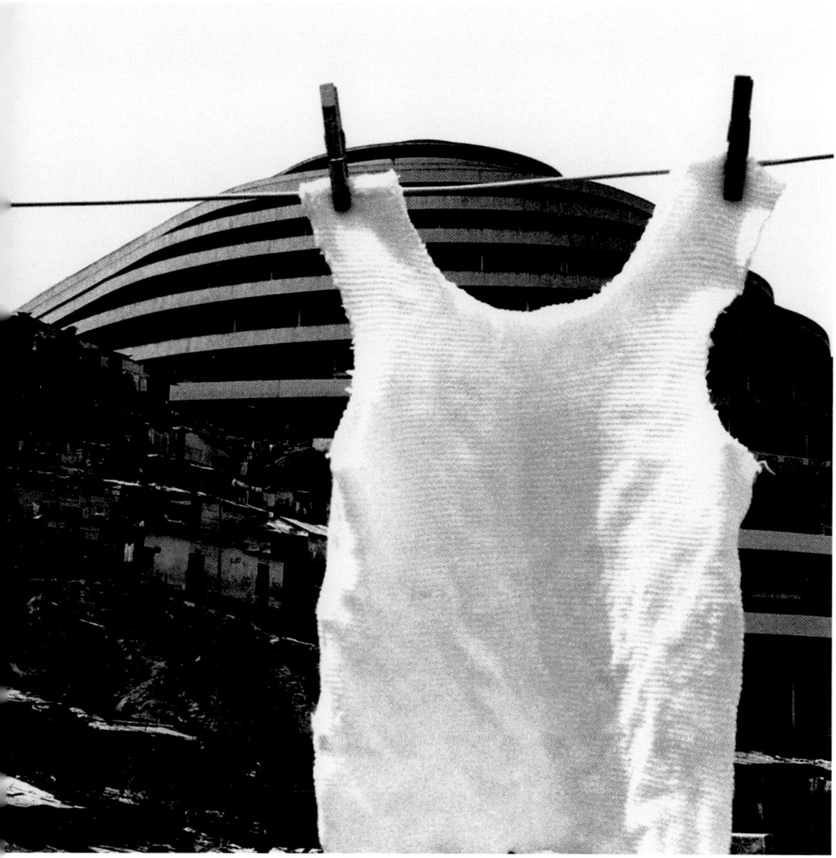

30. El Helicoide de Roca Tarpeya. Caracas, 1974

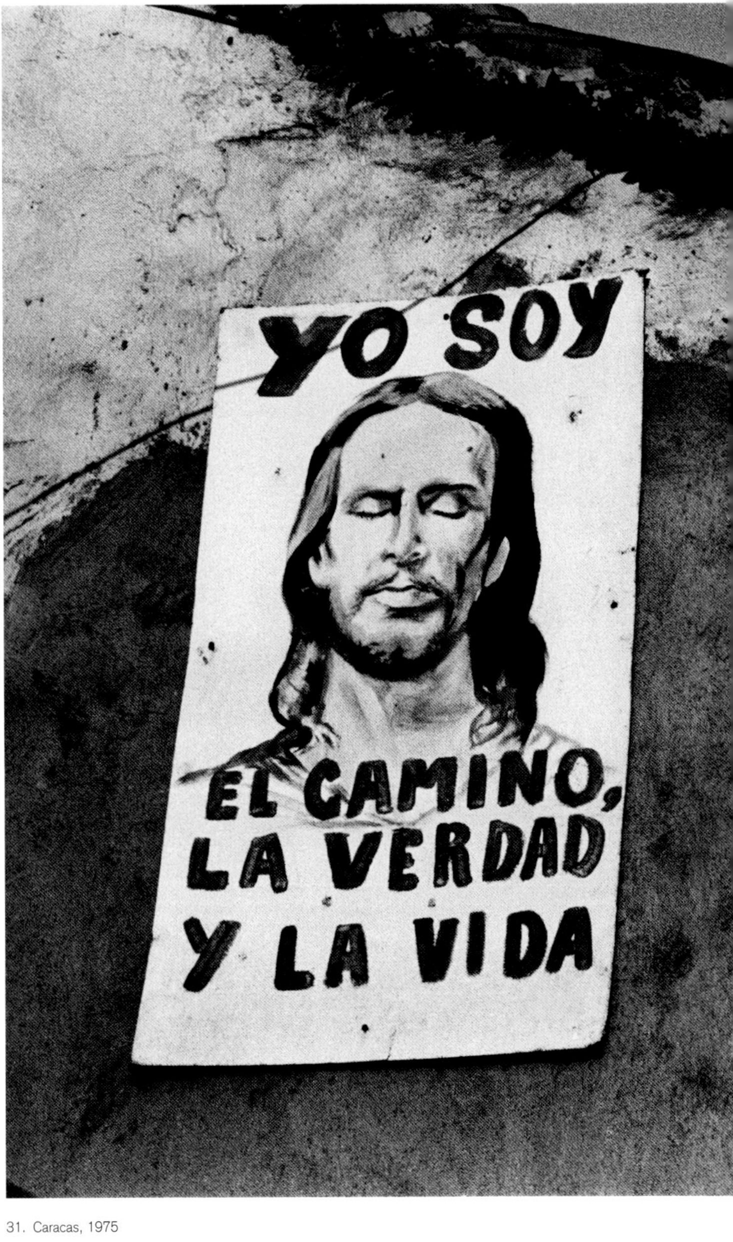

31. Caracas, 1975

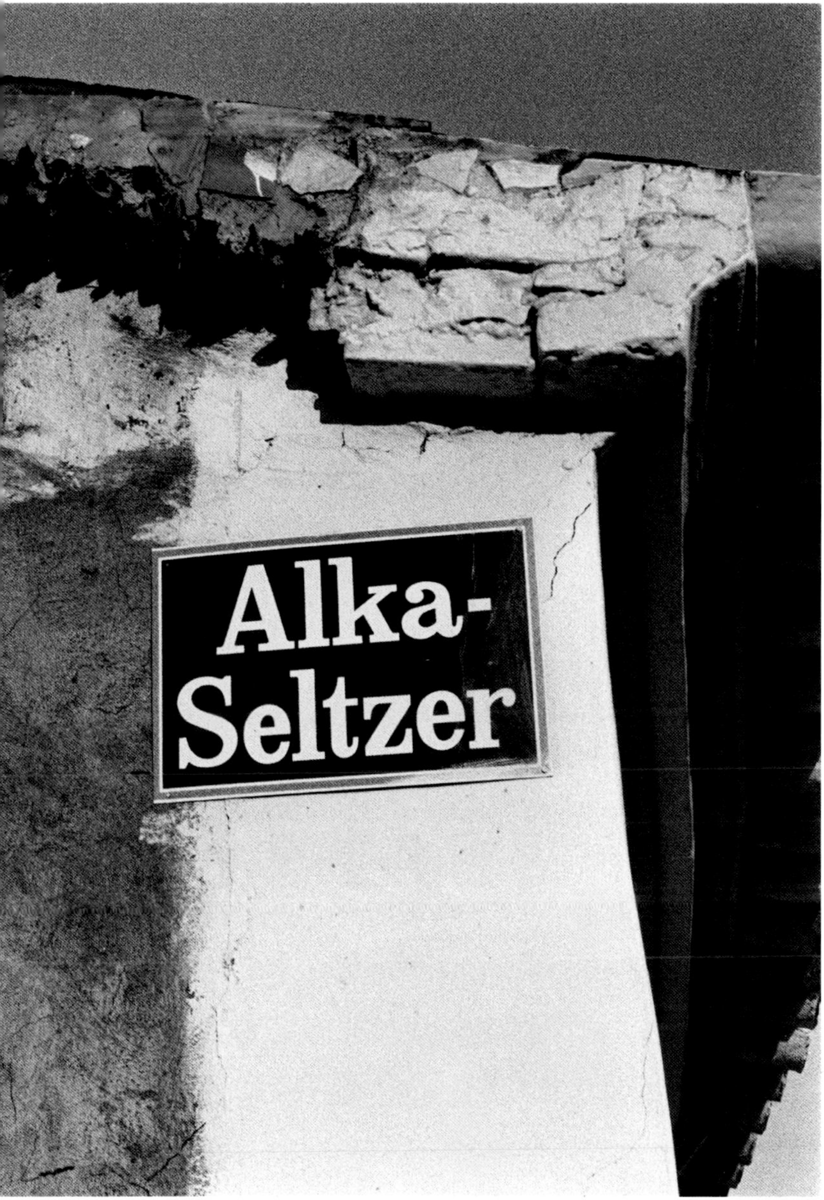
Alka-
Seltzer

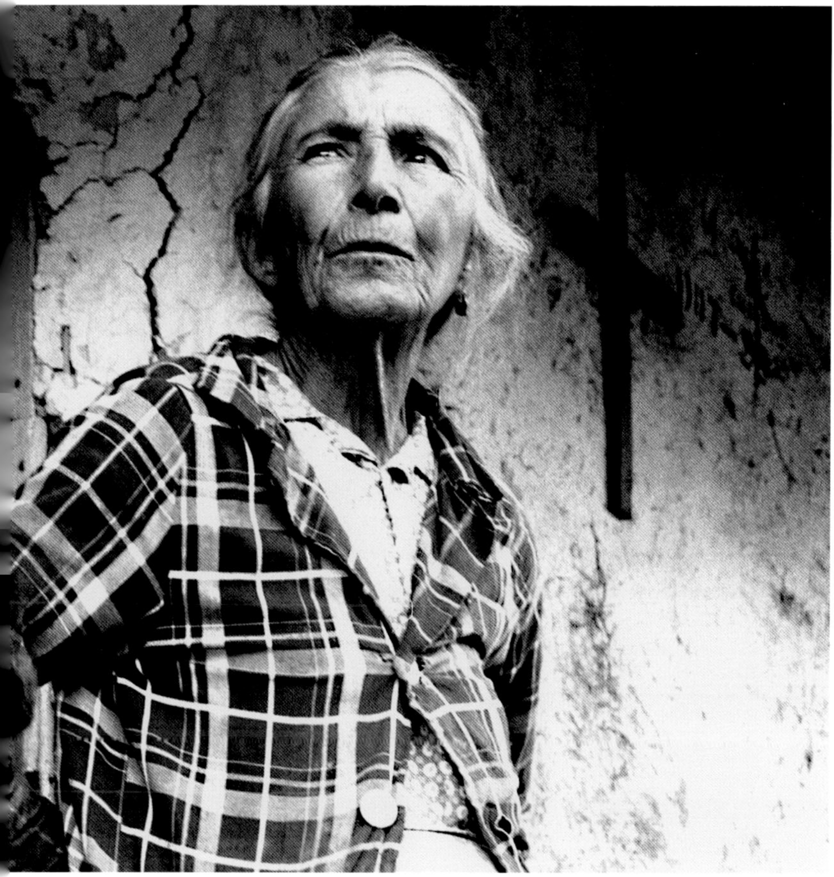

32. Teodora Torrealba, alfarera. Sanare, Estado Lara (Venezuela), 1976

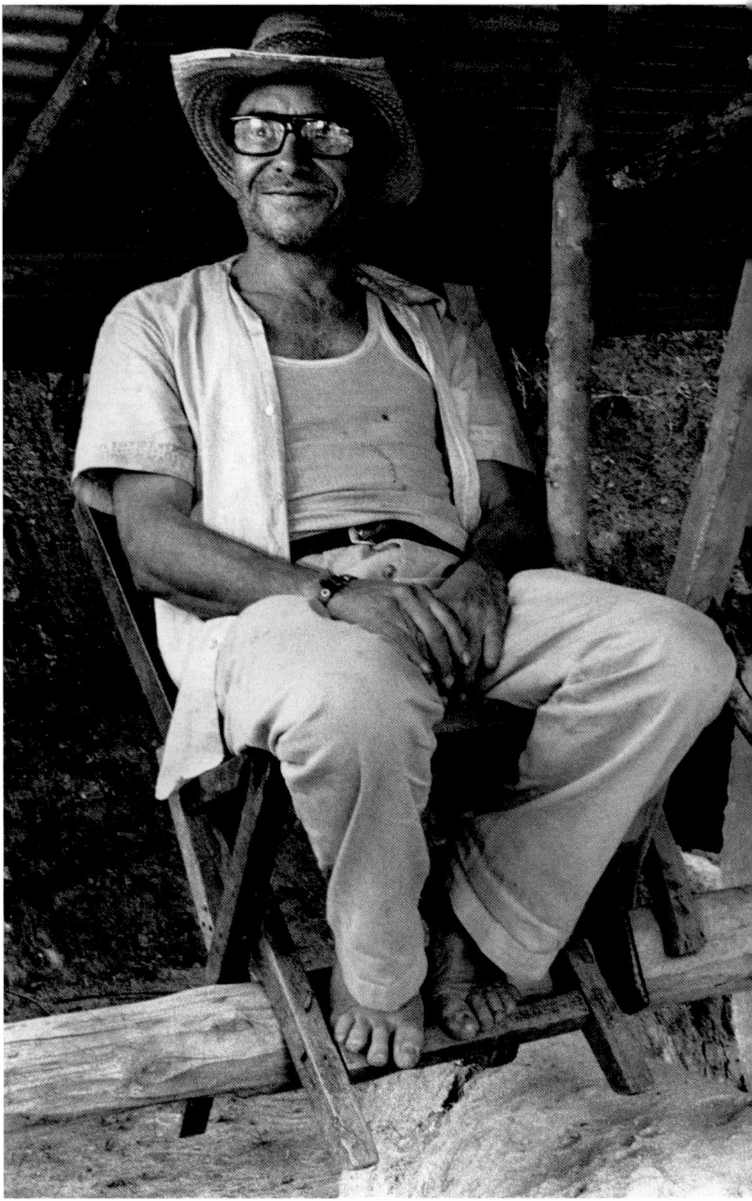

33. José Rafael Andrade, tallador. San Rafael de Boconó, Estado Trujillo (Venezuela), 1976

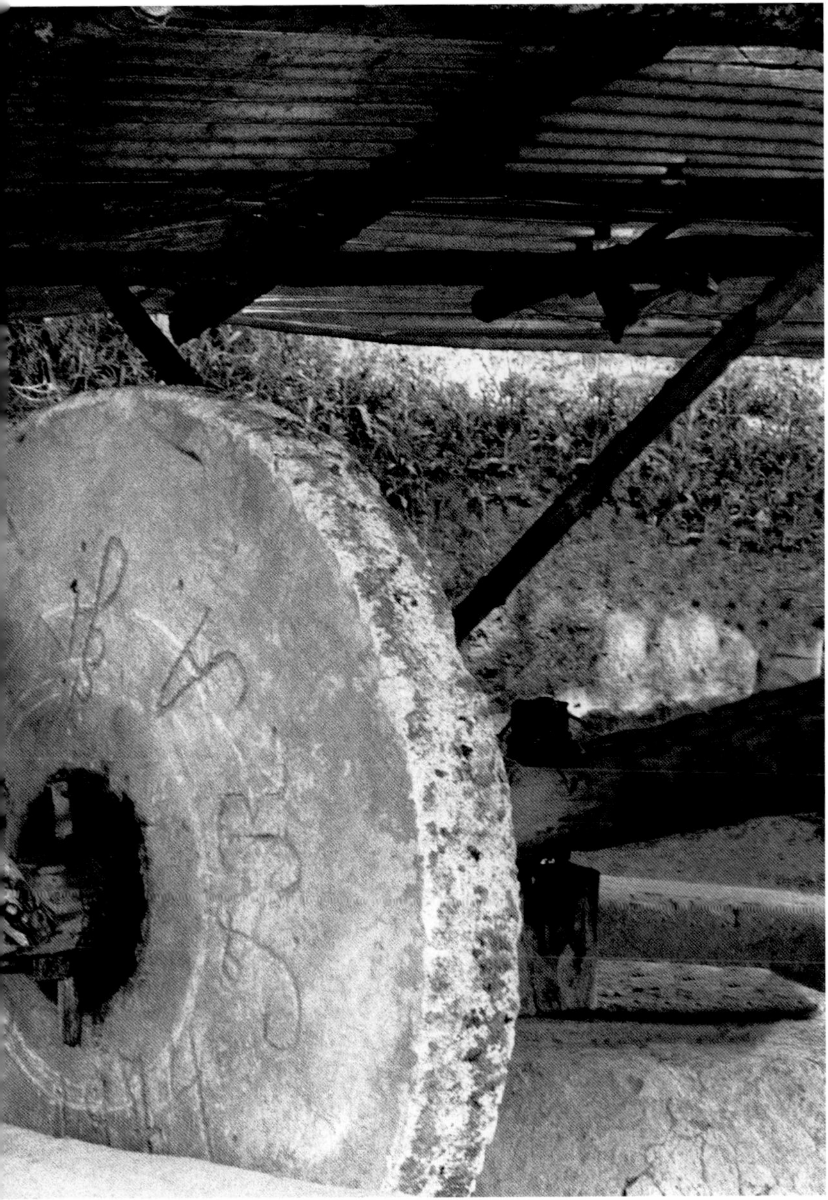

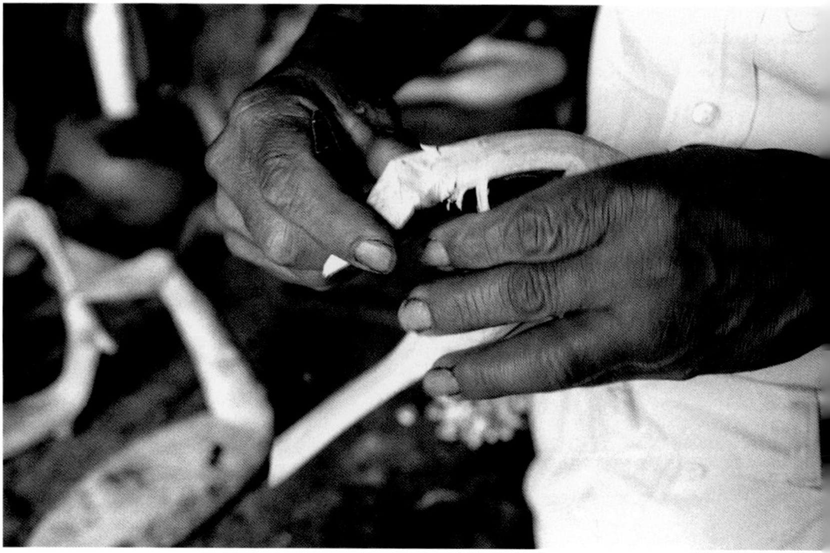

34. José Rafael Andrade, tallador. San Rafael de Boconó, Estado Trujillo (Venezuela), 1976

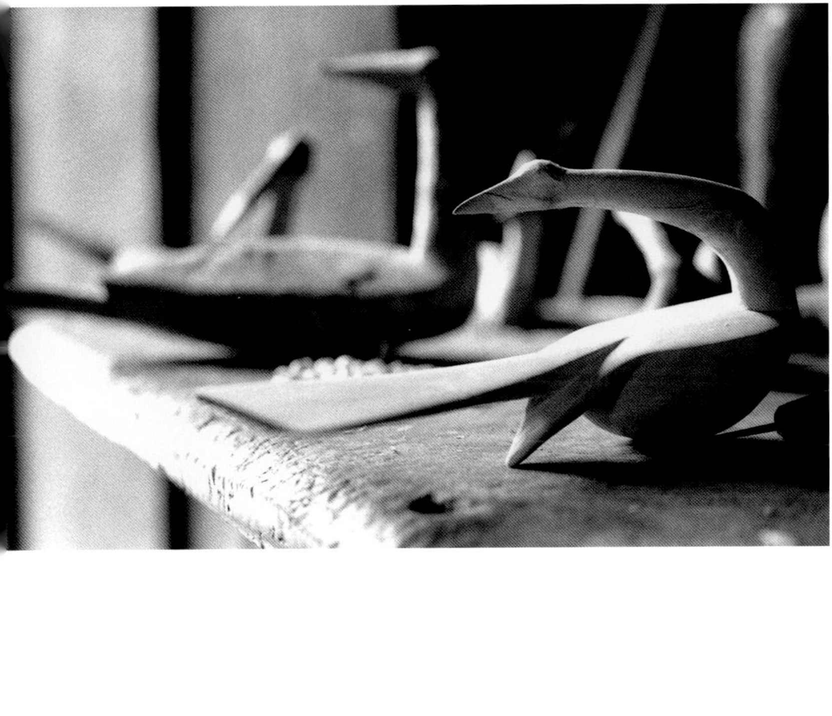

35. José Rafael Andrade, tallador. San Rafael de Boconó, Estado Trujillo (Venezuela), 1976

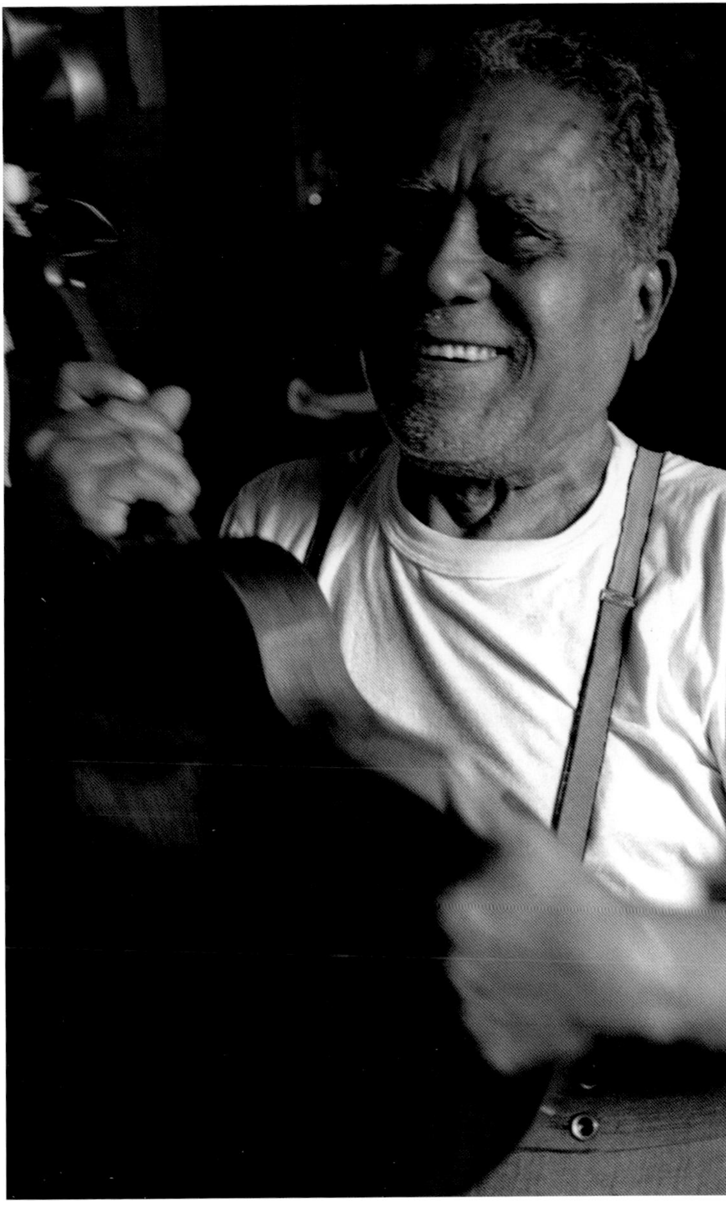

36. Pedro Aldana, fabricante de cuatros. Caracas, 1976

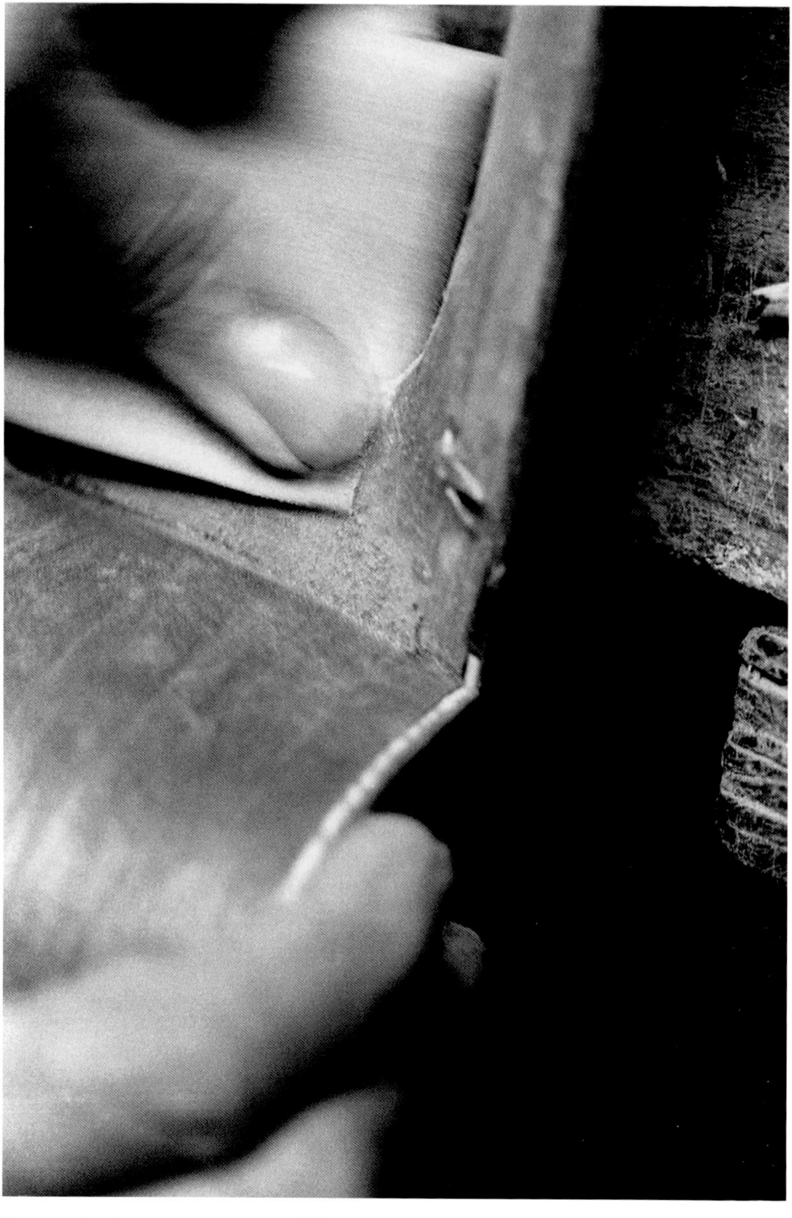

37. Pedro Aldana, fabricante de cuatros. Caracas, 1976

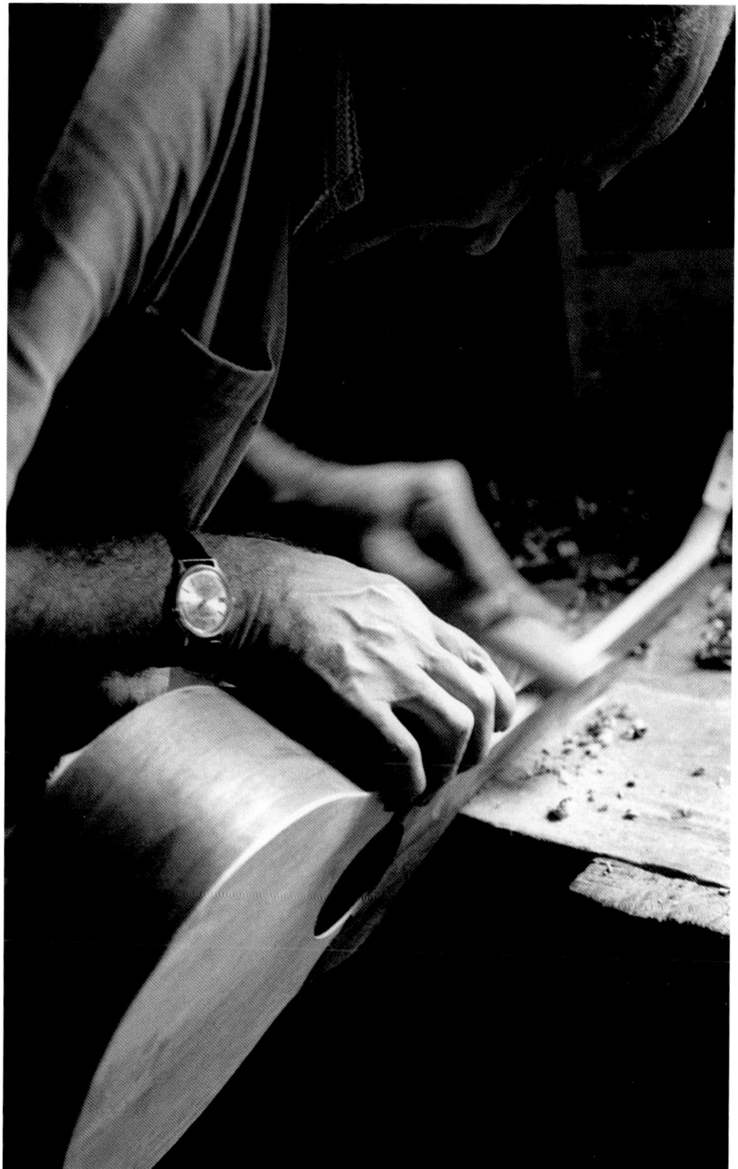

38. Pedro Aldana, fabricante de cuatros. Caracas, 1976

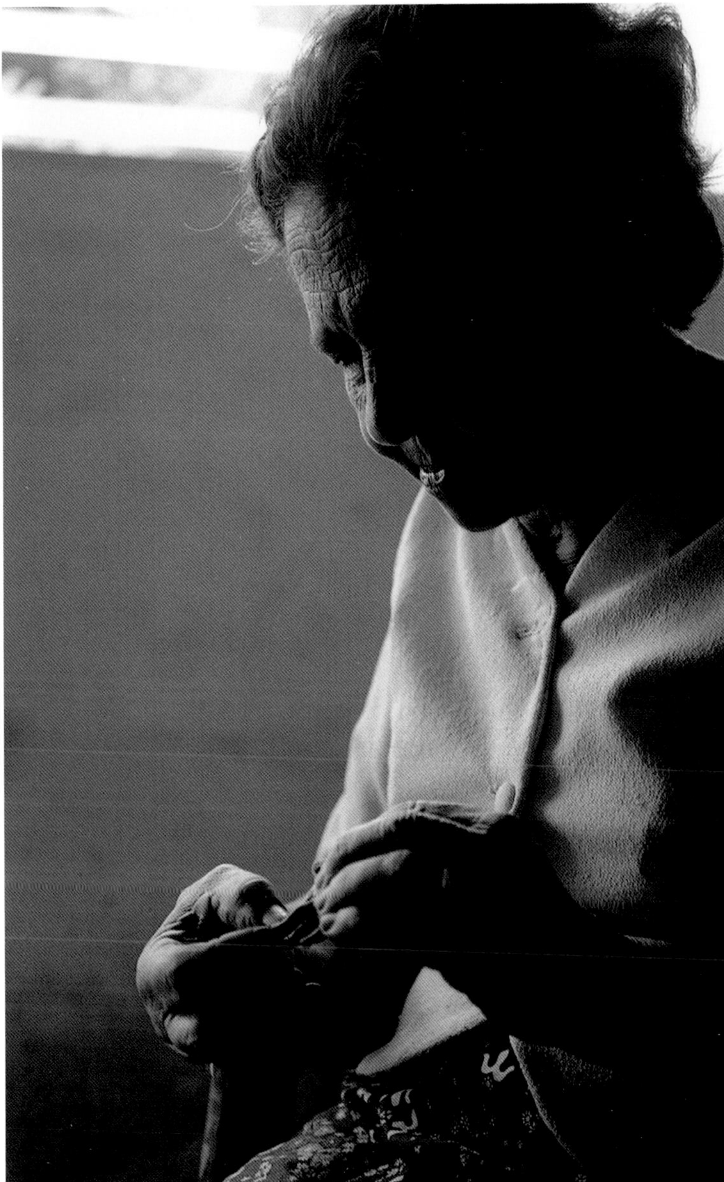

39. Eloísa Torres, alfarera. Escuque, Estado Trujillo (Venezuela), 1976

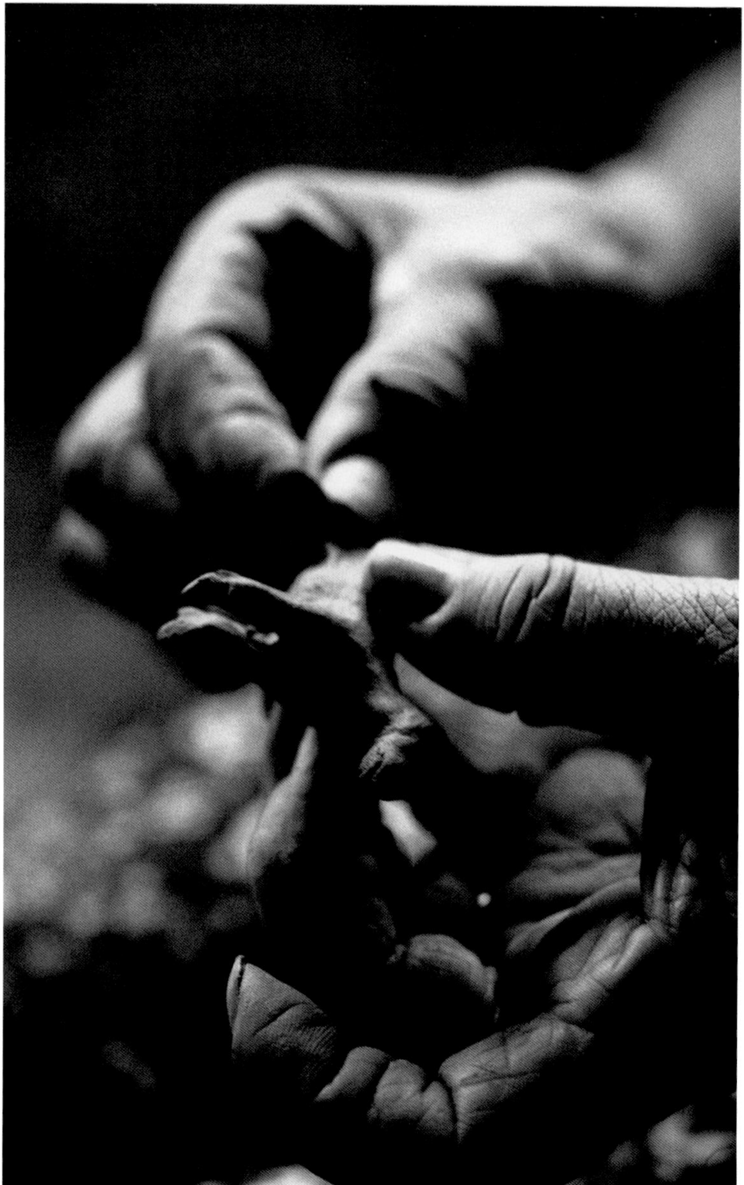

40. Eloísa Torres, alfarera. Escuque, Estado Trujillo (Venezuela), 1976

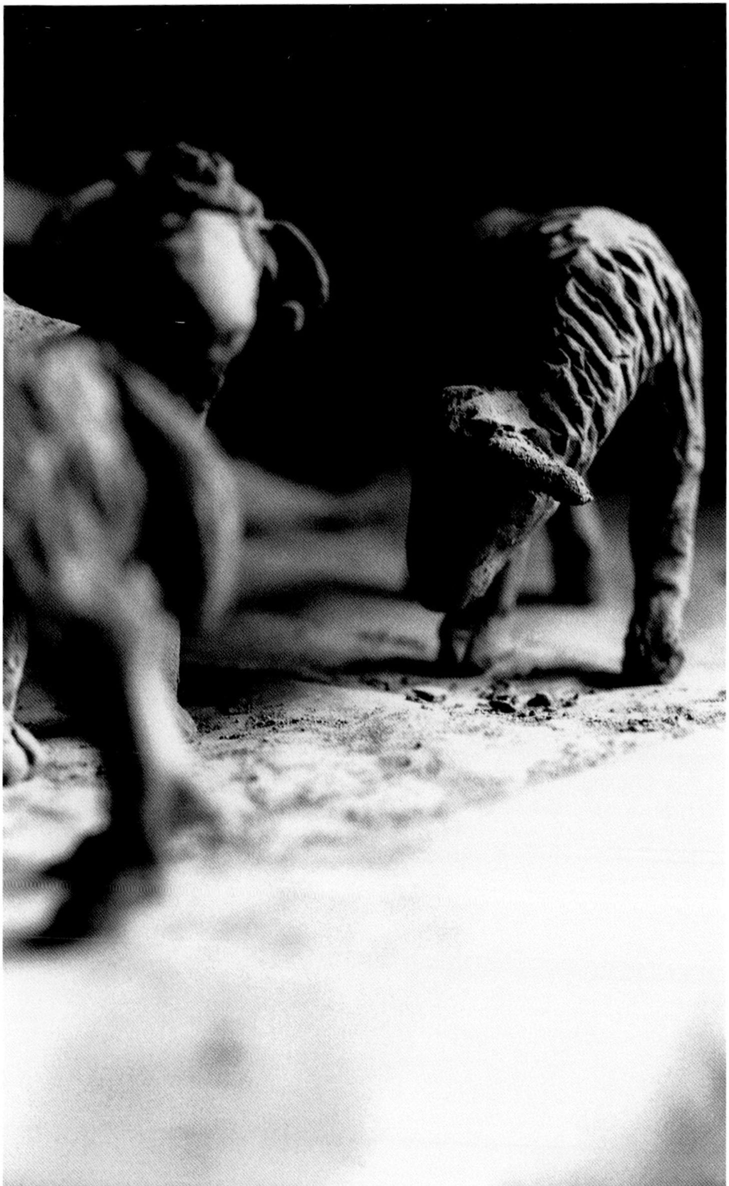

41. Eloísa Torres, alfarera. Escuque, Estado Trujillo (Venezuela), 1976

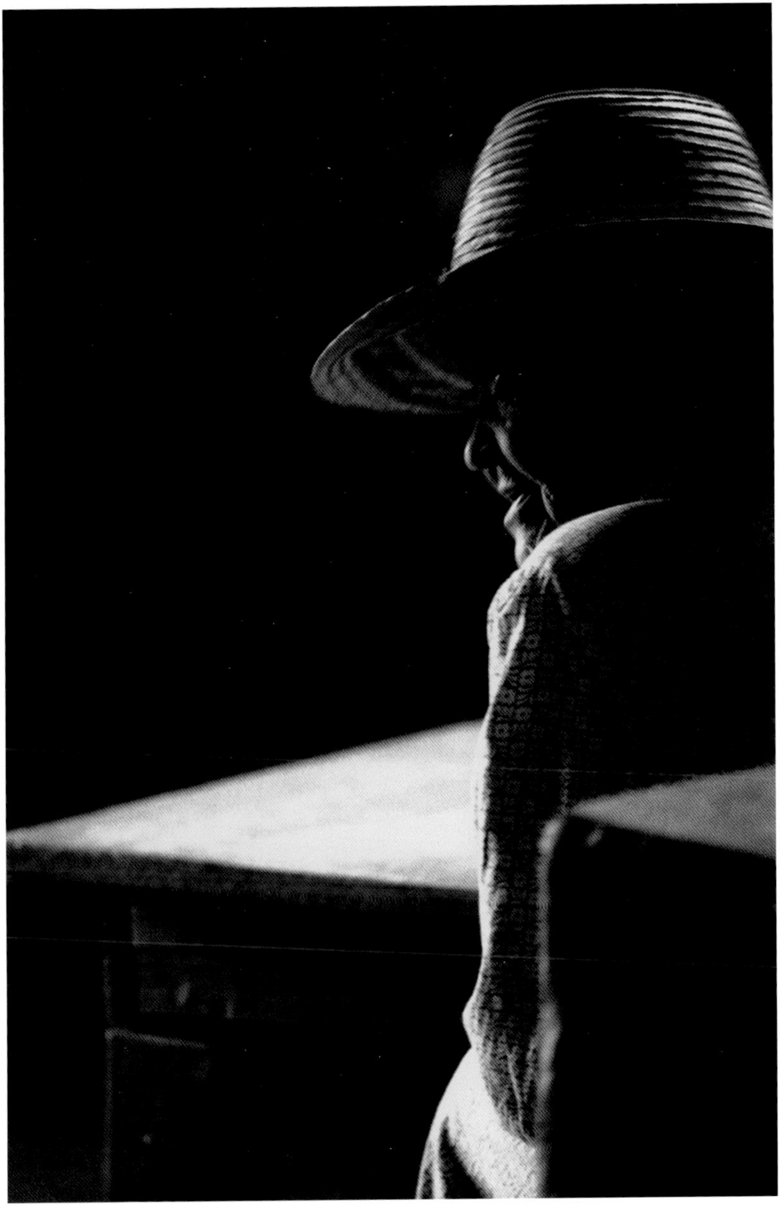

42. María Hernández, fabricante de velas. El Vallecito, Estado Mérida (Venezuela), 1976

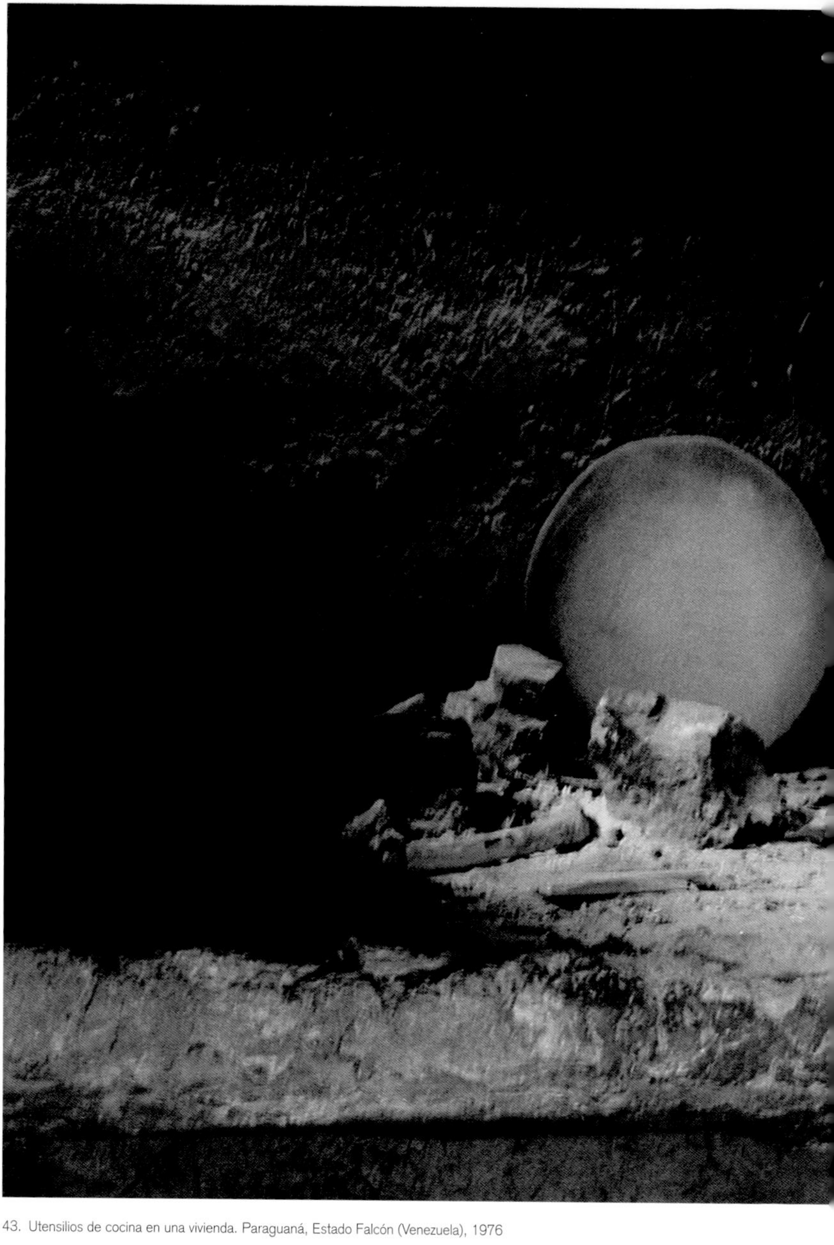

43. Utensilios de cocina en una vivienda. Paraguaná, Estado Falcón (Venezuela), 1976

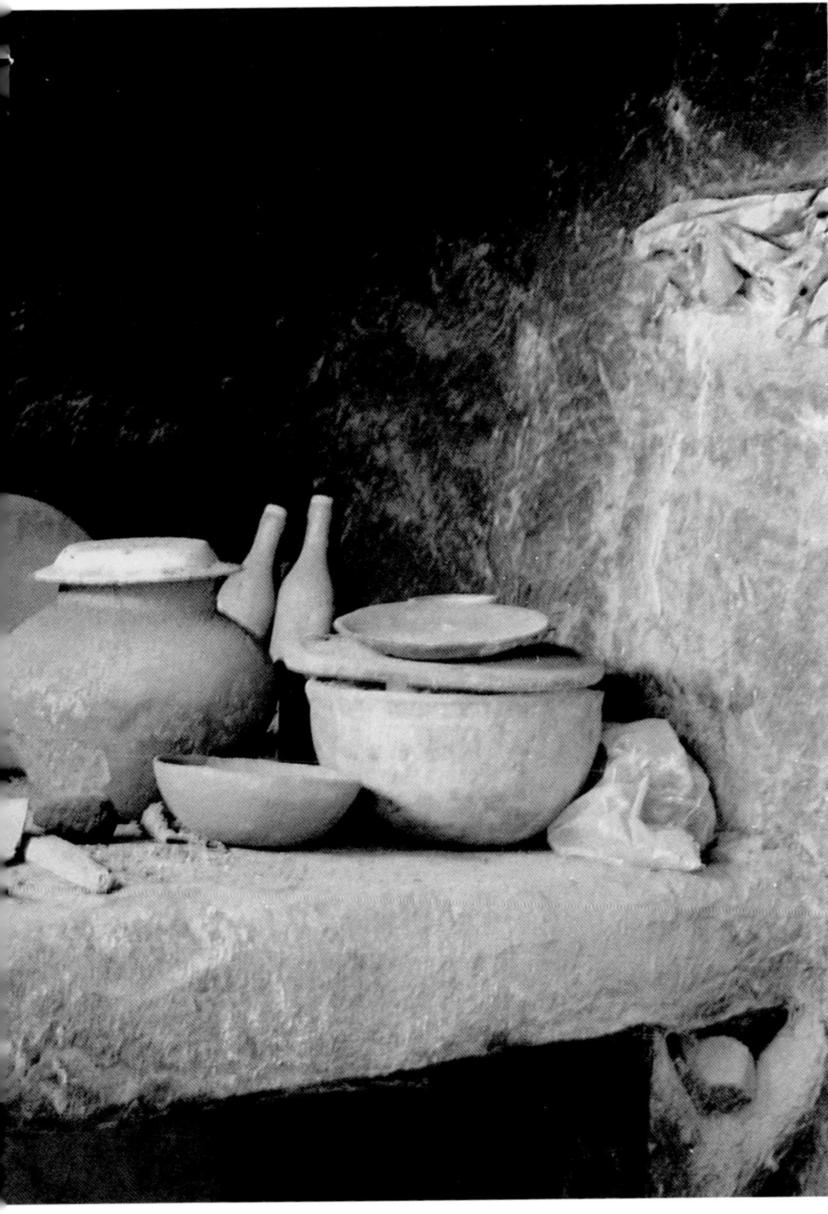

44. Páramo de Mucuchíes, Estado Mérida (Venezuela), 1986

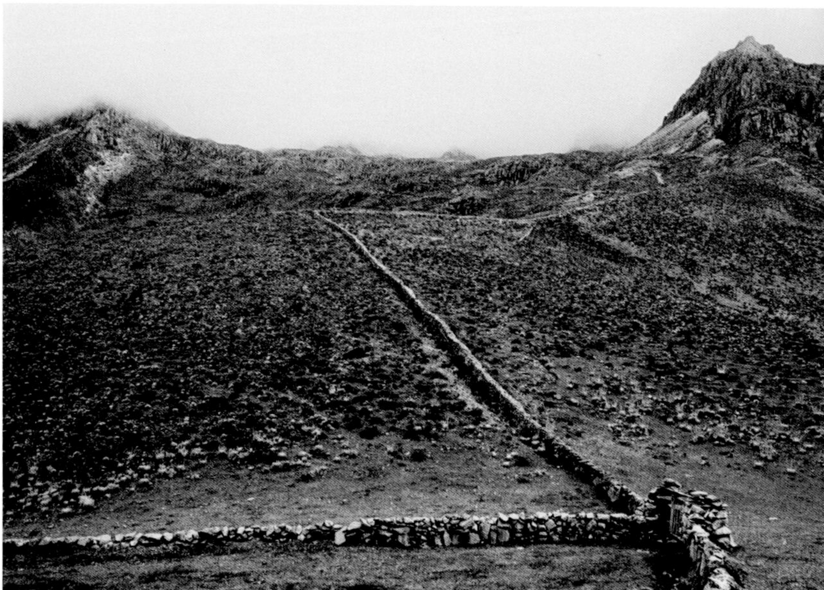

45. Paisaje del páramo. Estado Mérida (Venezuela), 1978

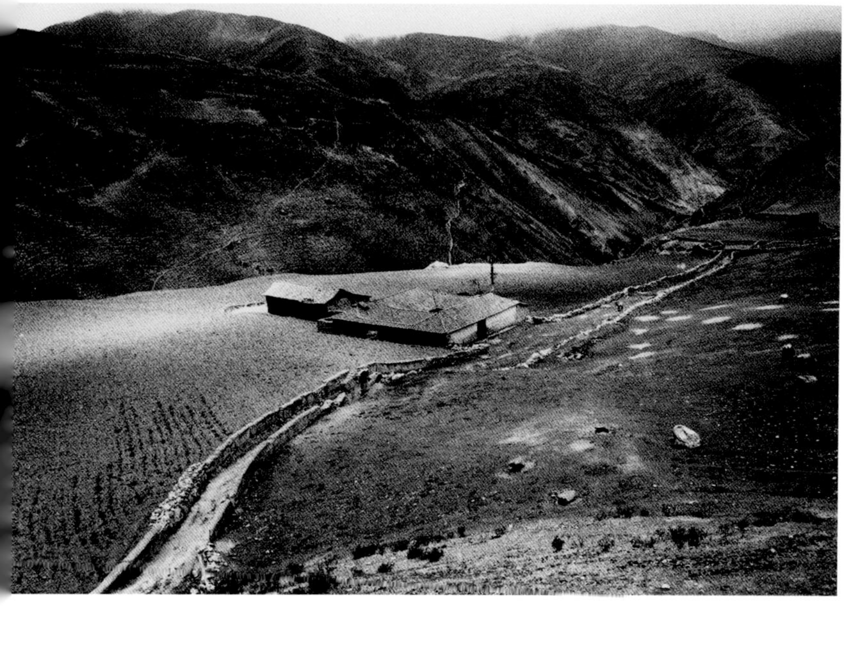

46. Casa de Sulpicio Sánchez. Las Culebras, Estado Mérida (Venezuela), 1978

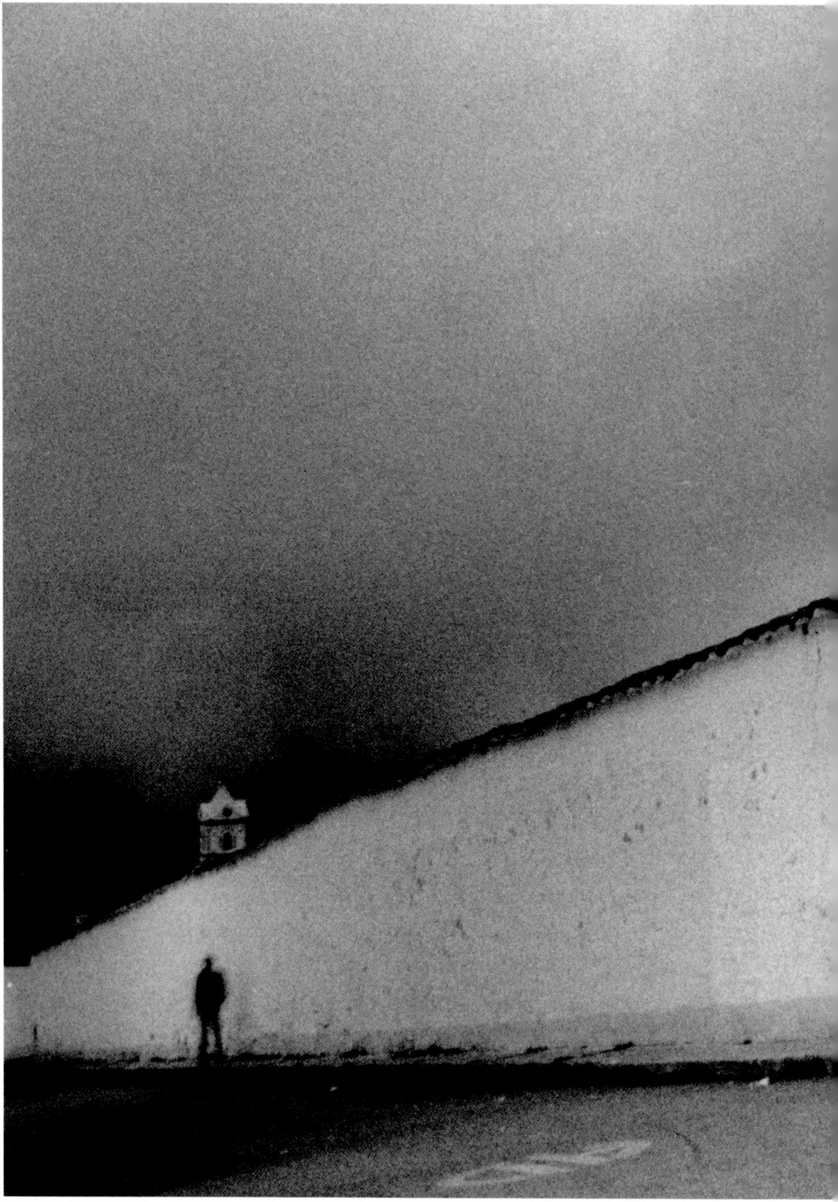

47. Pueblo de Mucuchíes, Estado Mérida (Venezuela), 1978

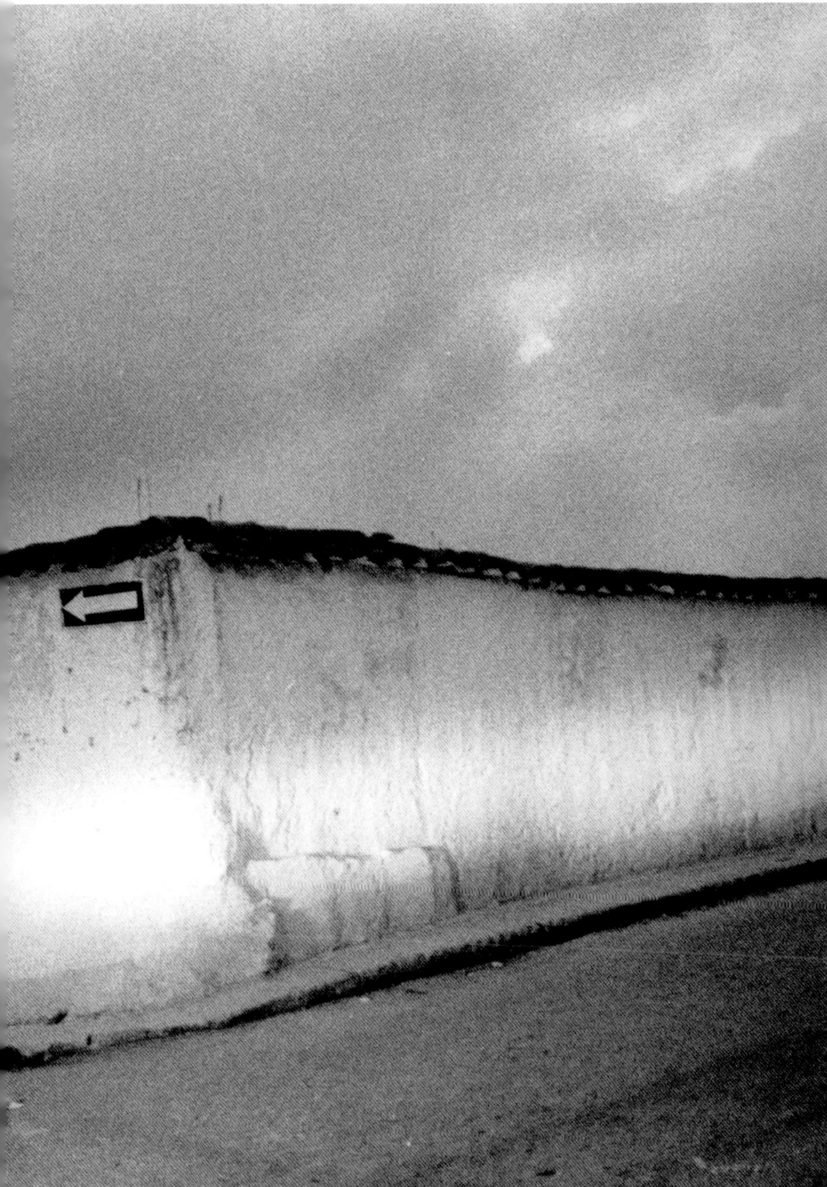

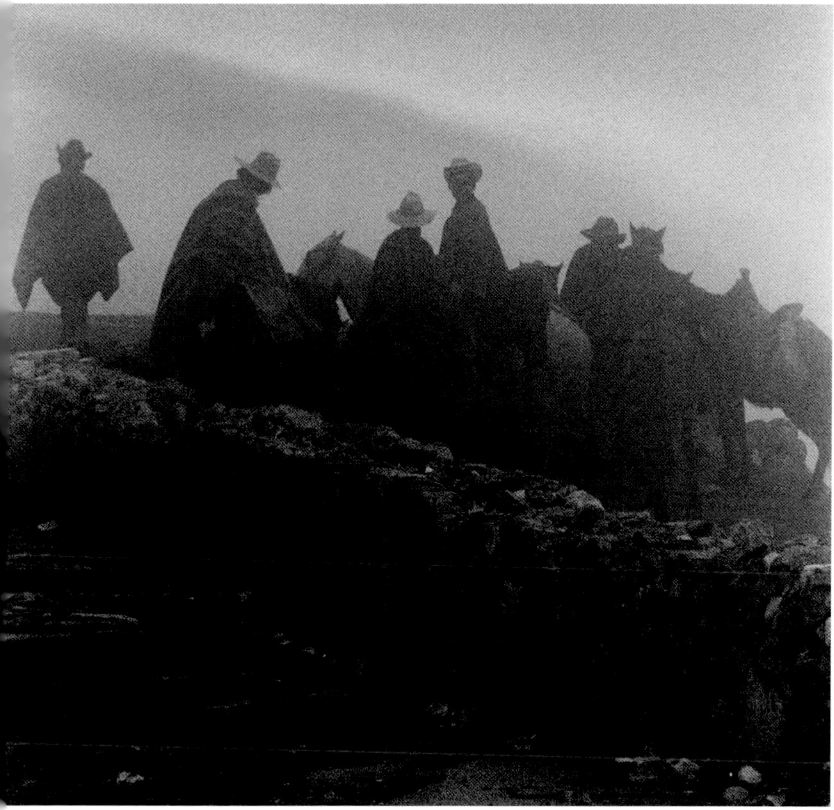

48. Parameros. Pico del Águila, Estado Mérida (Venezuela), 1978

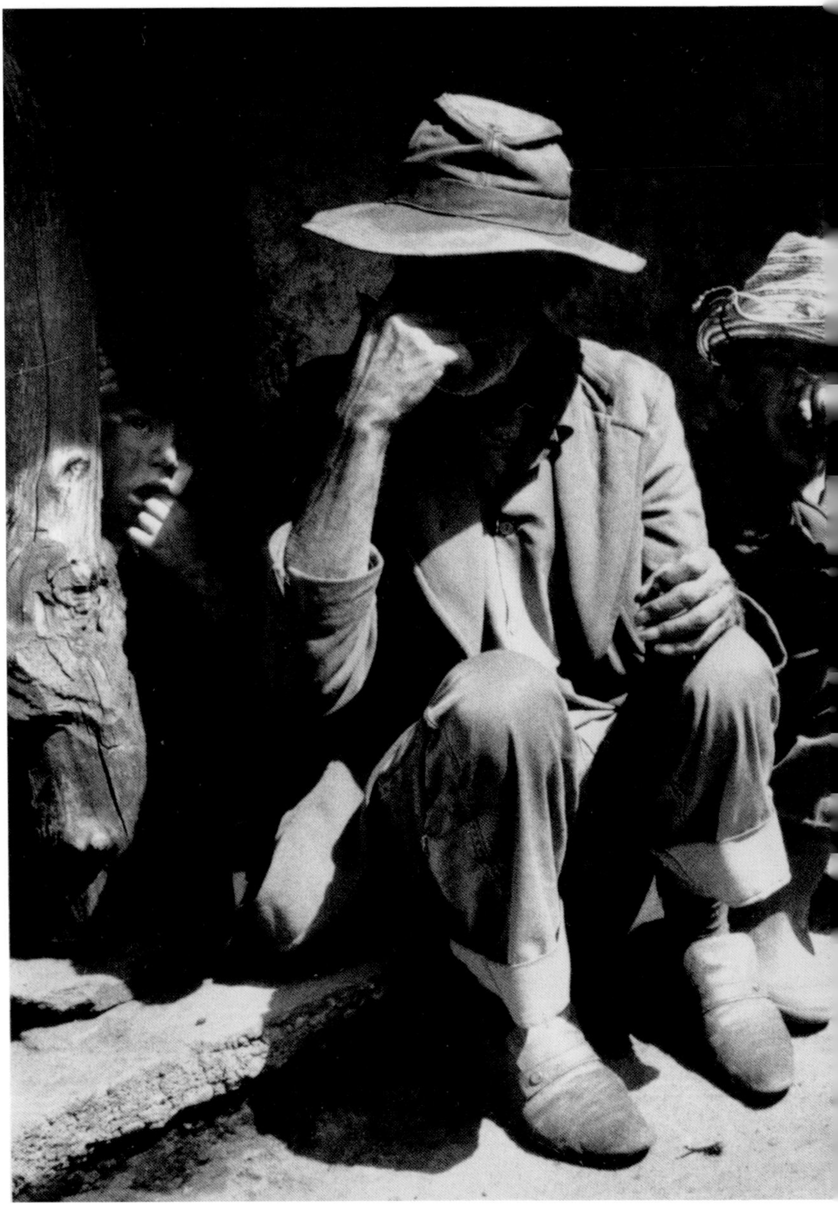

49. Familia del páramo. Estado Mérida (Venezuela), 1988

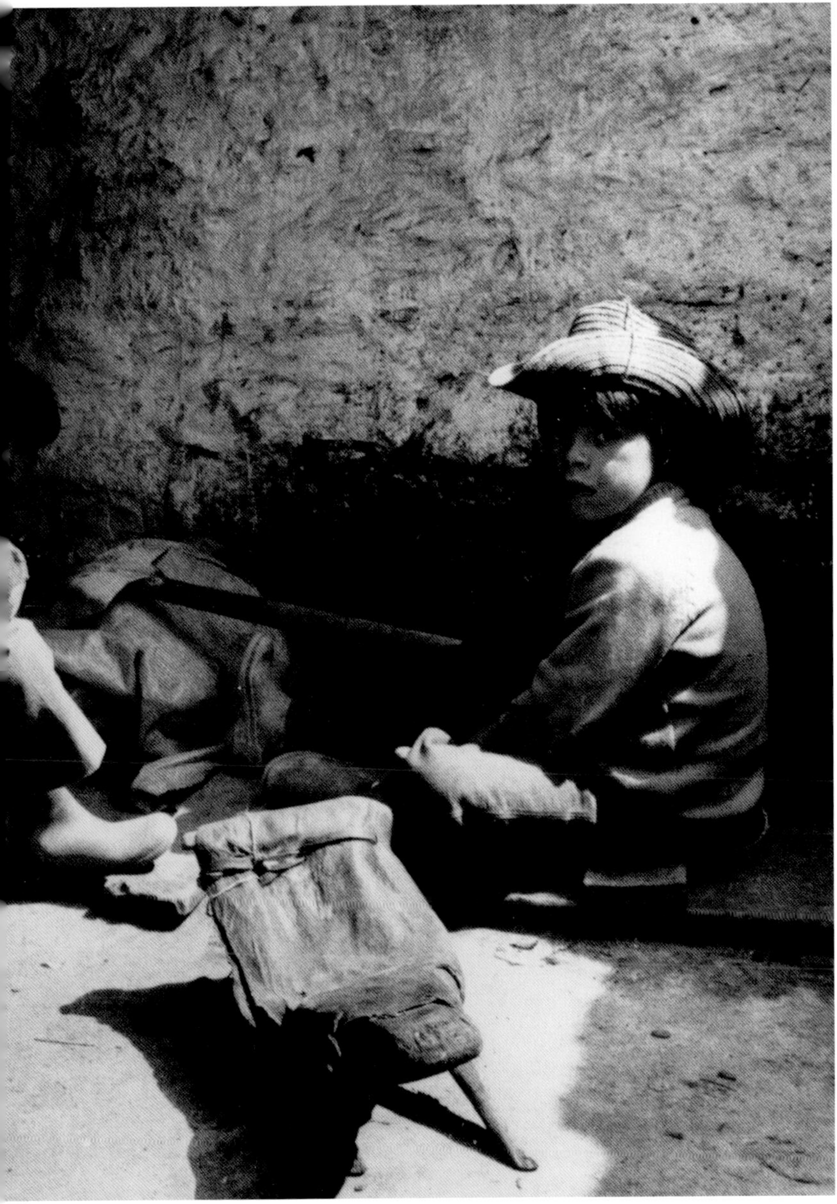

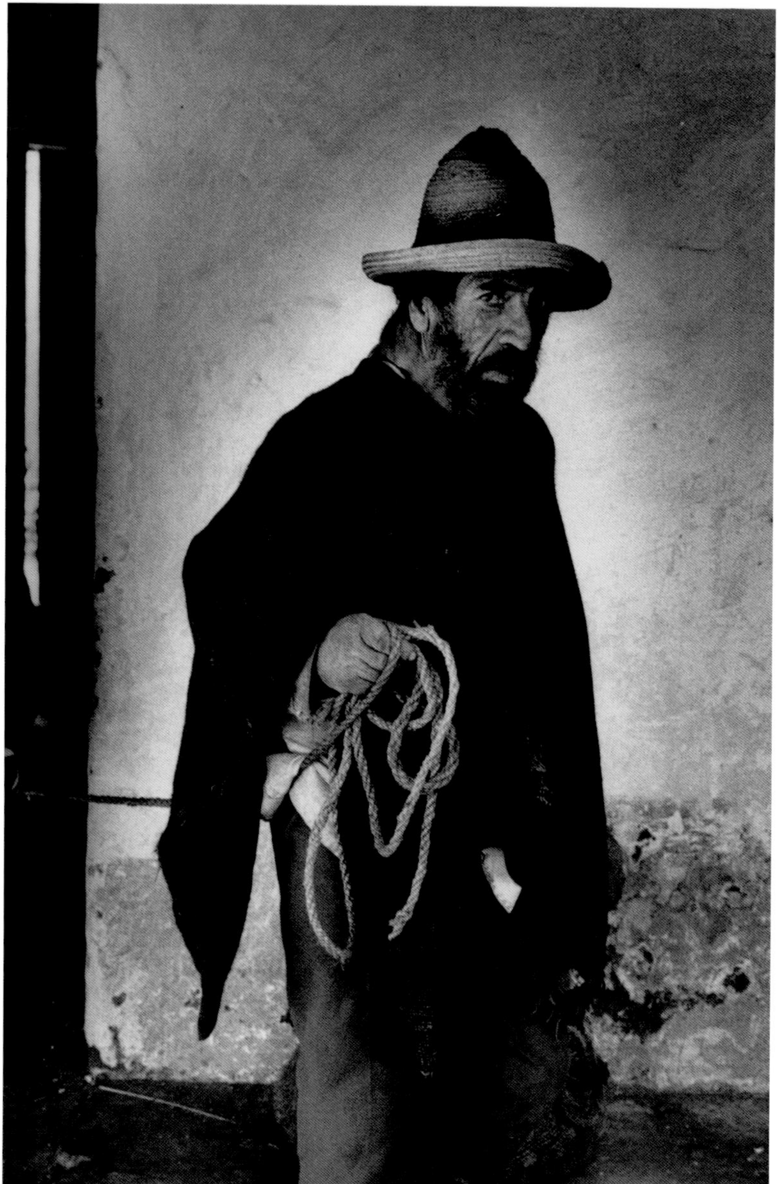

50. Darío Rivas. La Toma, Estado Mérida (Venezuela), 1978

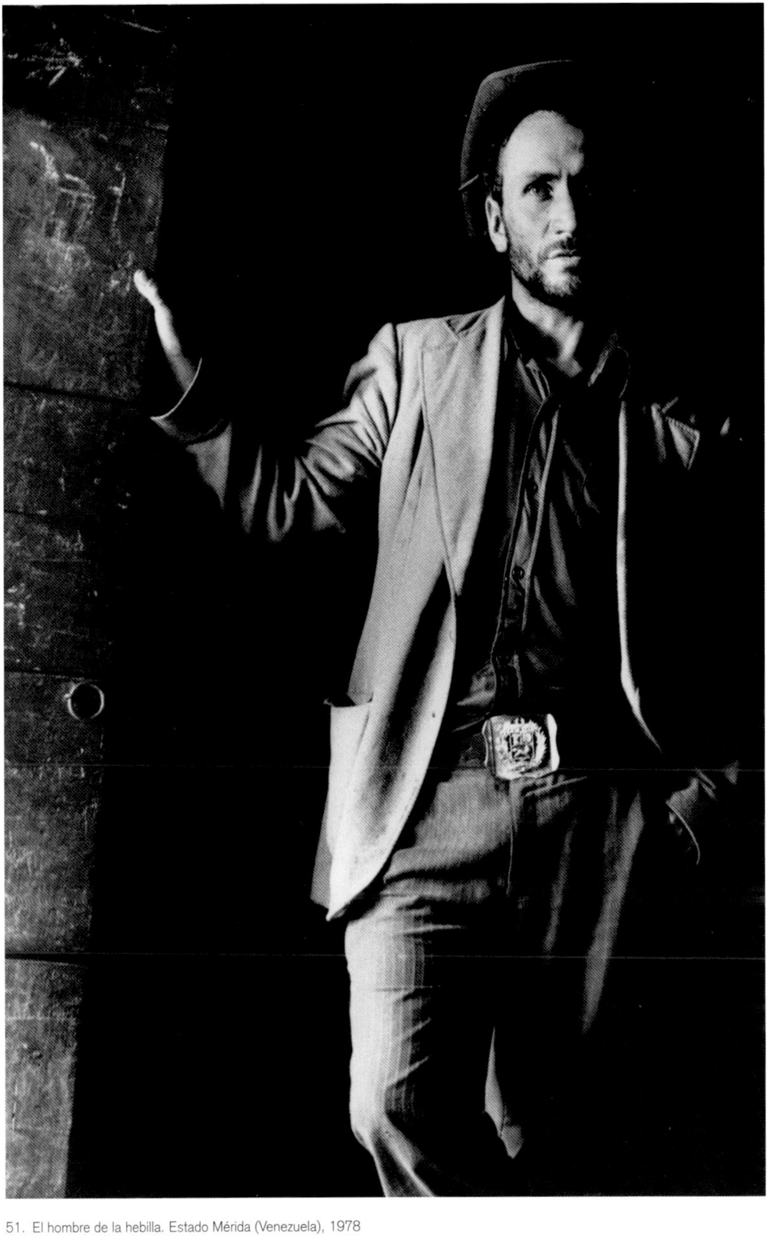

51. El hombre de la hebilla. Estado Mérida (Venezuela), 1978

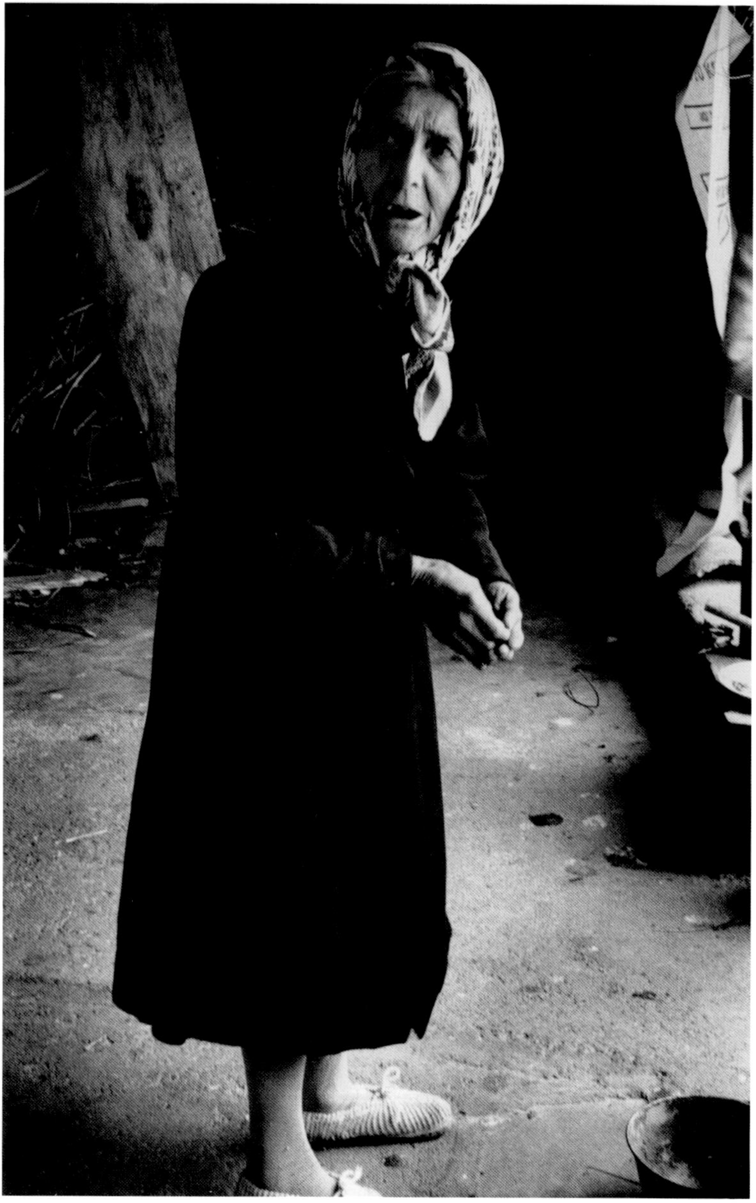

52. La Toma, Estado Mérida (Venezuela), 1978

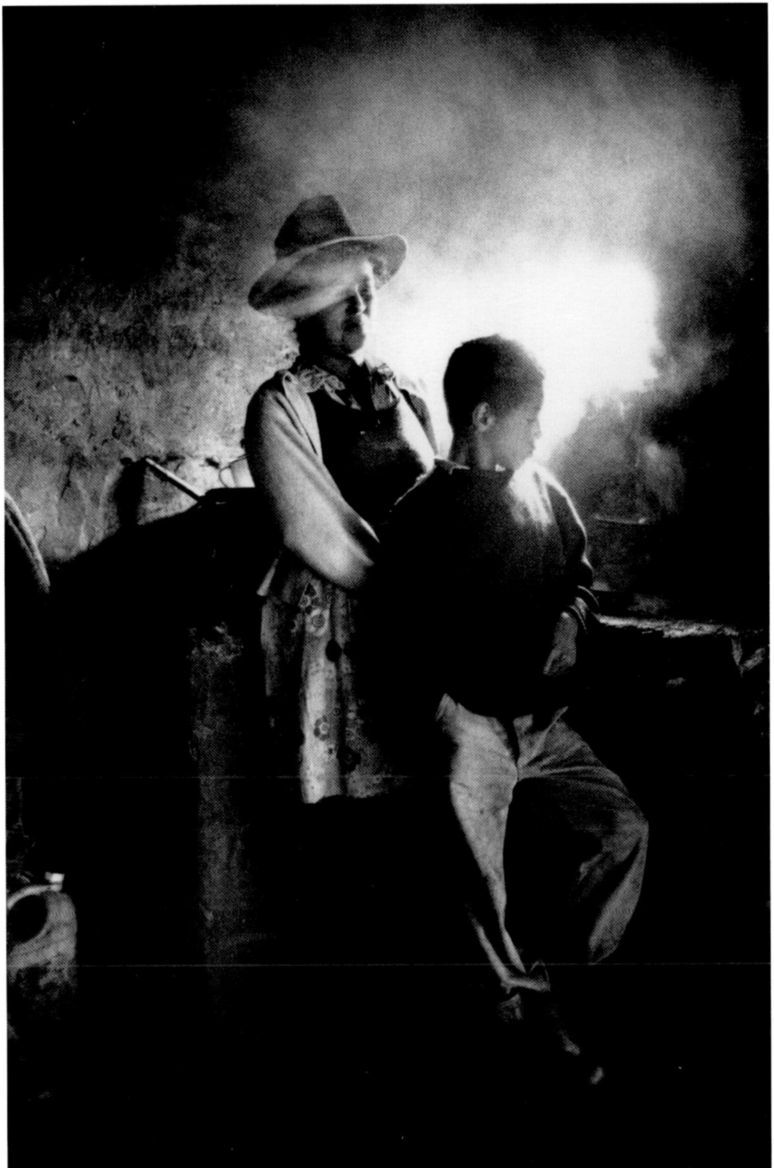

53. La Toma, Estado Mérida (Venezuela), 1978

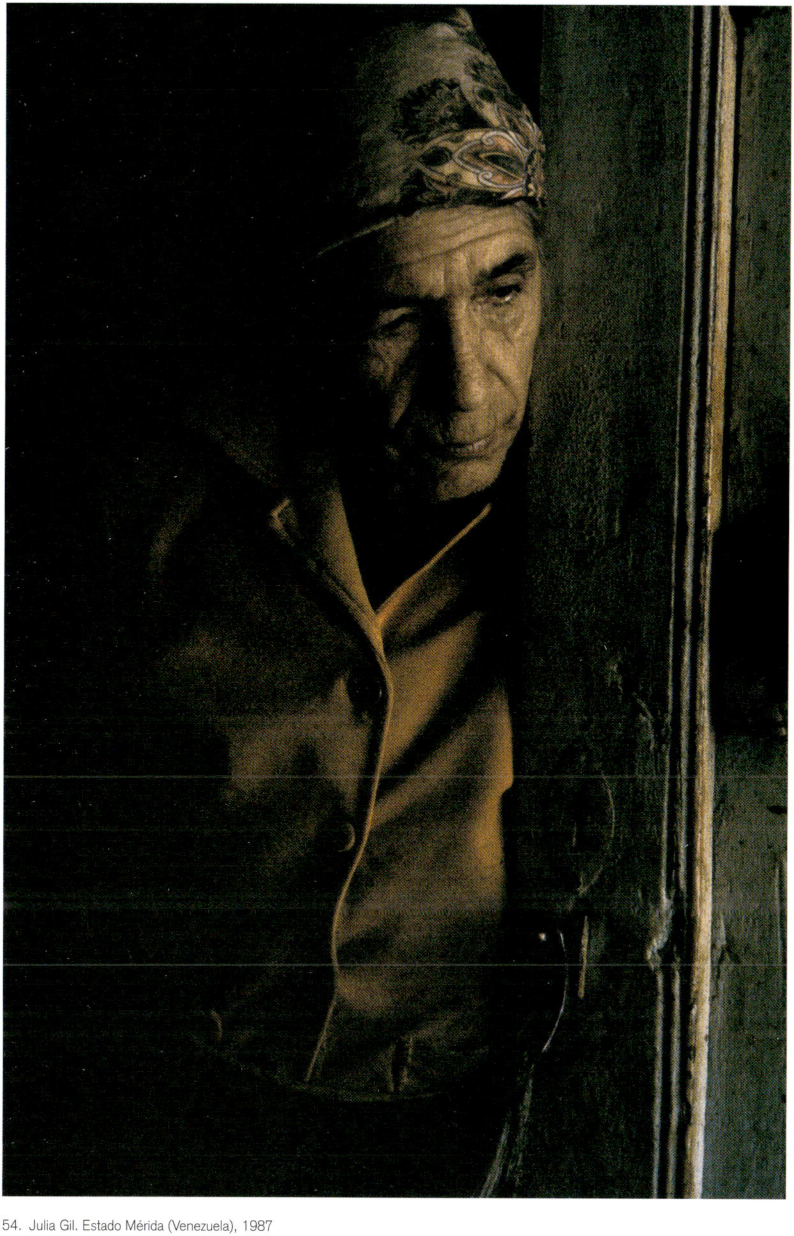

54. Julia Gil. Estado Mérida (Venezuela), 1987

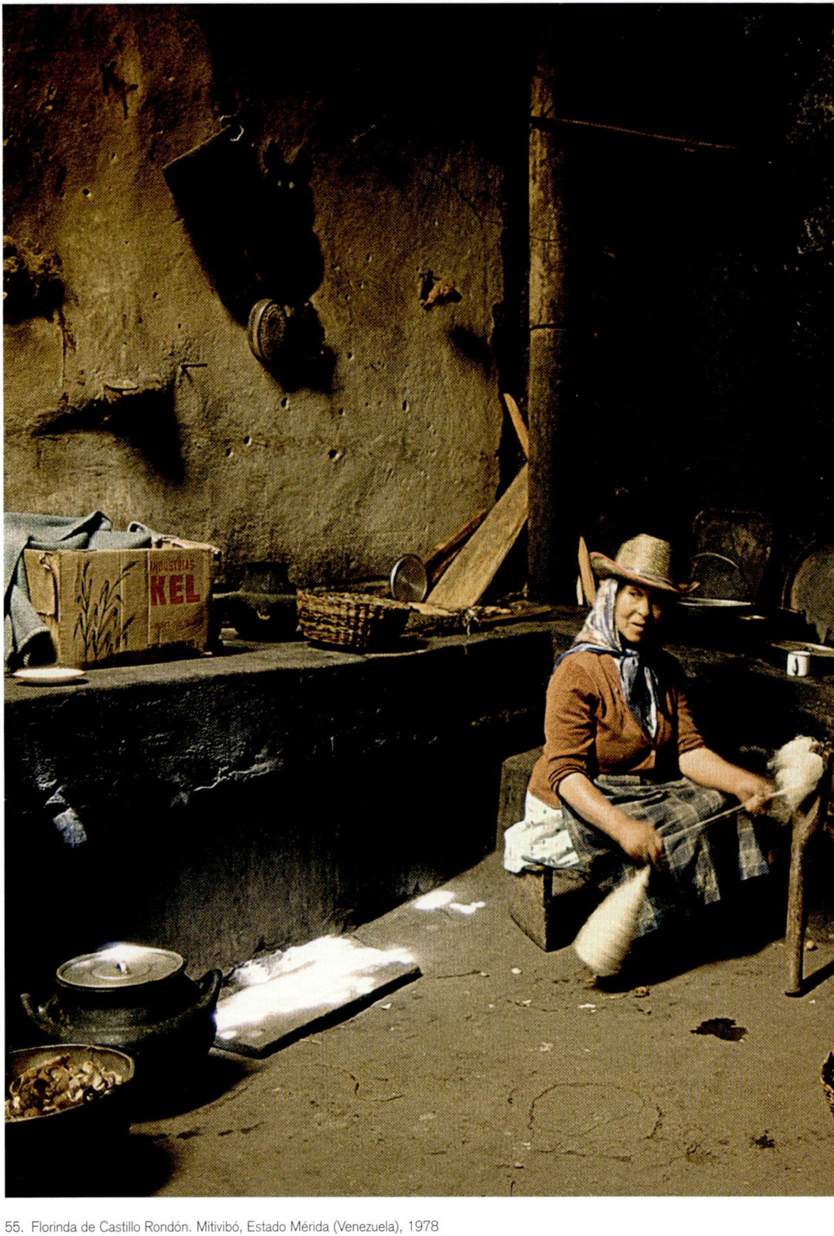

55. Florinda de Castillo Rondón. Mitivibó, Estado Mérida (Venezuela), 1978

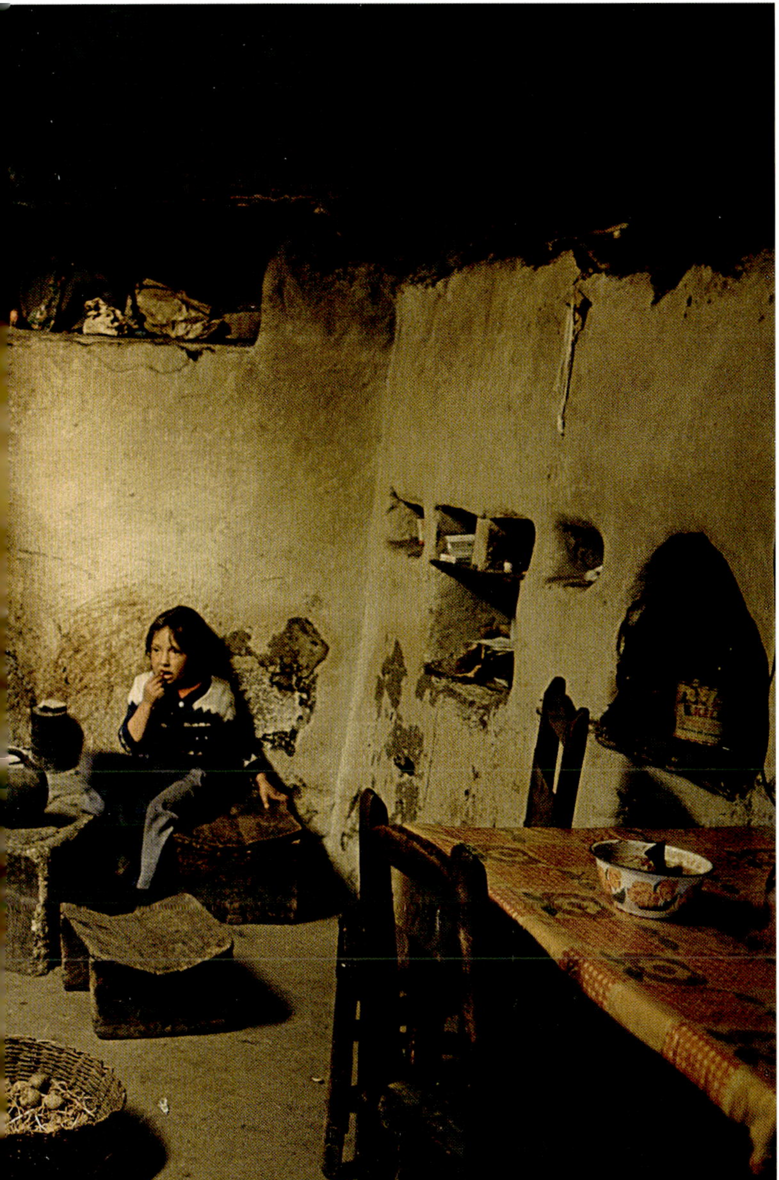

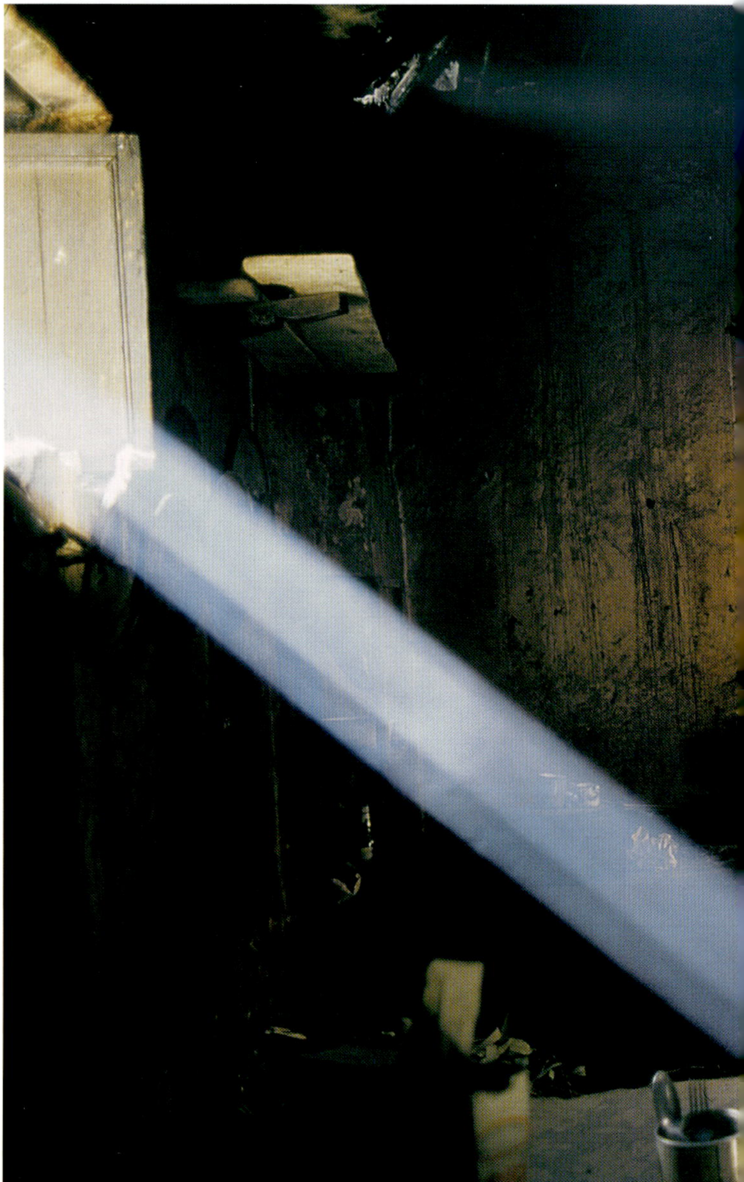

56. Interior de una vivienda en el páramo. Estado Mérida (Venezuela), 1978

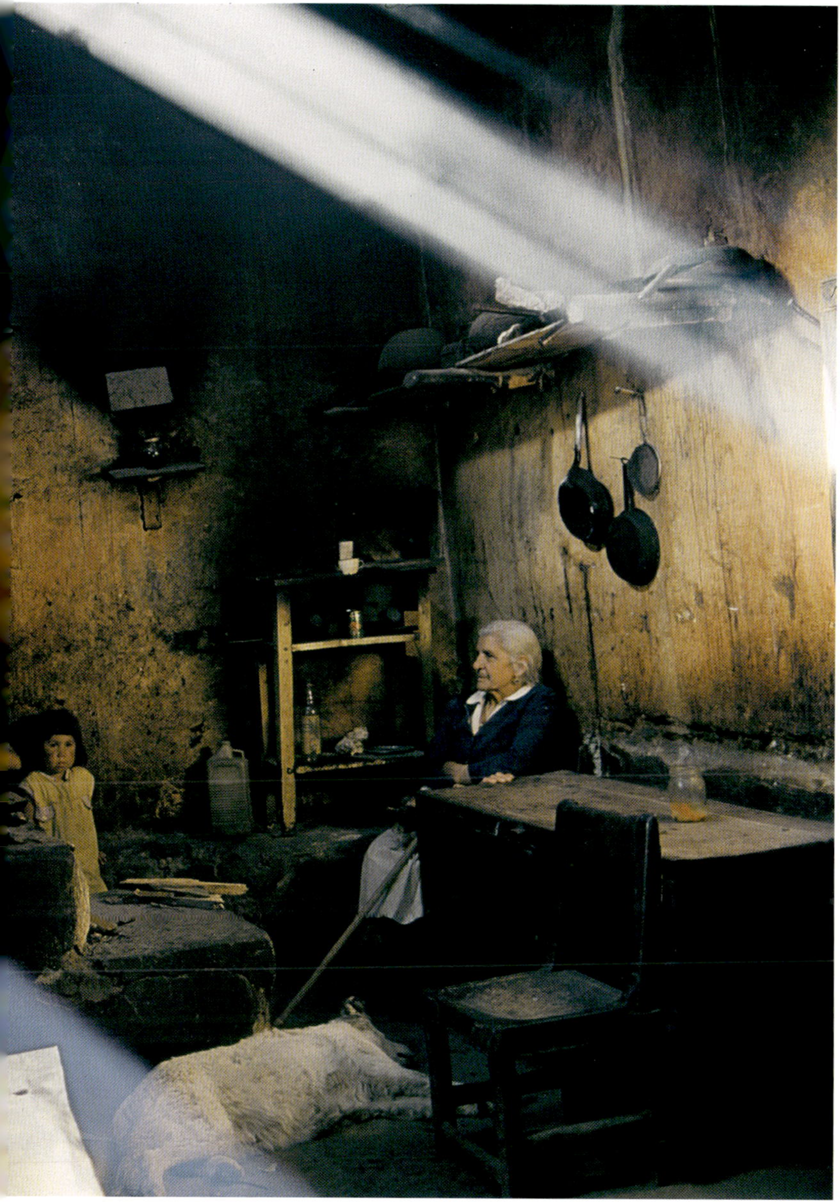

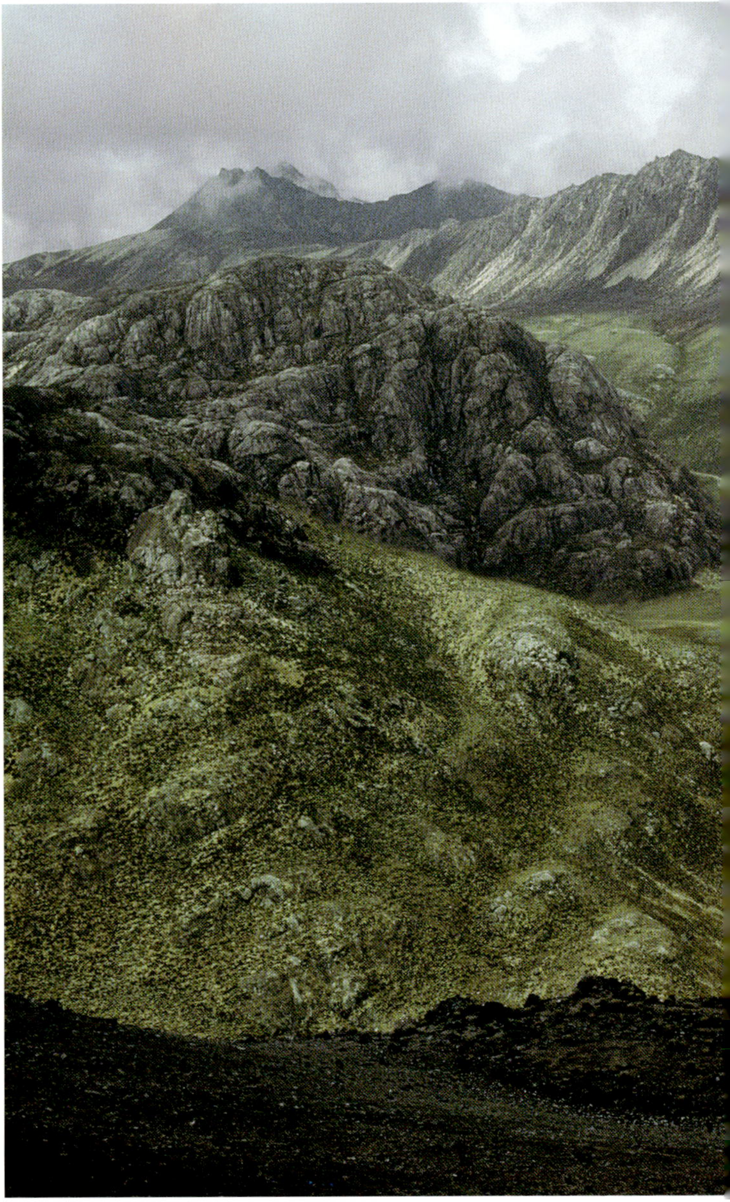

57. Valle del Cóndor. Estado Mérida (Venezuela), 1990

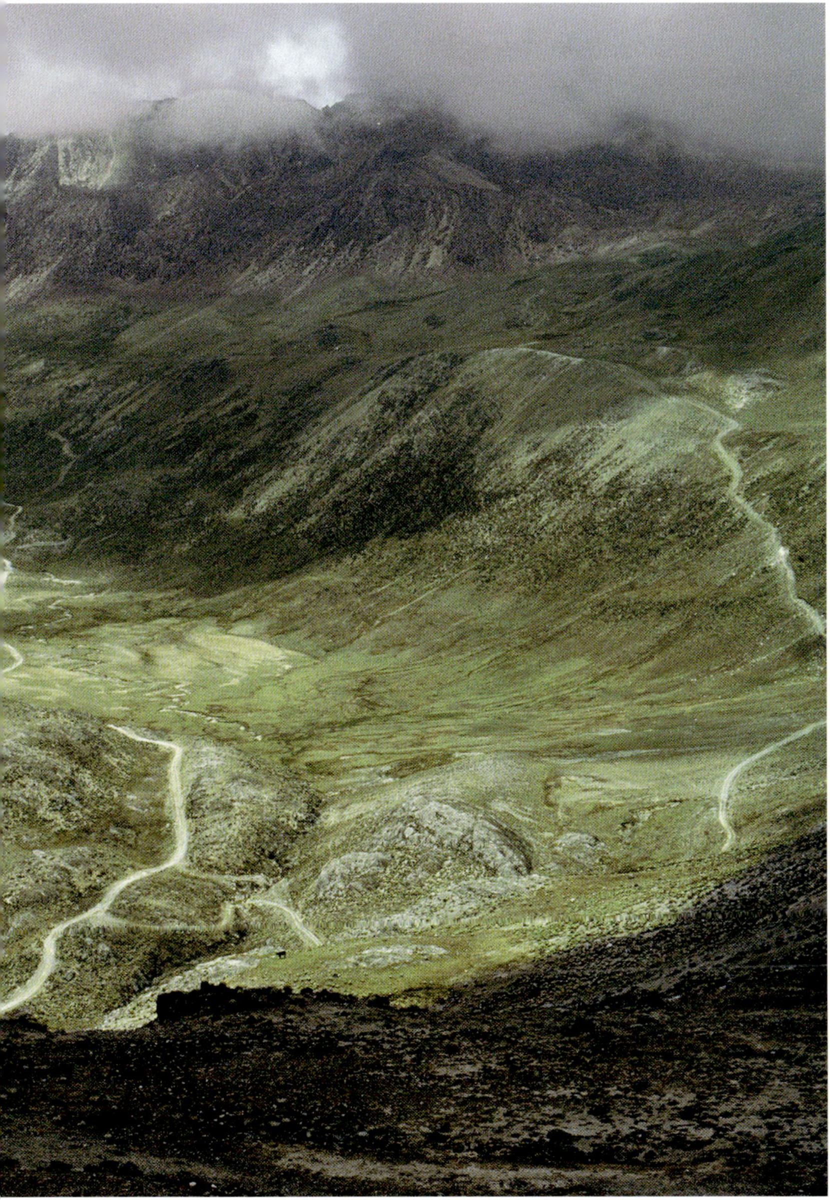

Cronología

1932 Nace en Schaffhausen (Suiza). Realizará sus primeros estudios en Basadingen y Diessenhofen. Posteriormente estudiará *ballet* clásico en Ginebra.

1951-56 Realiza estudios de *ballet* clásico en París.

1957-58 Trabaja como modelo de alta costura y comienza a interesarse en la fotografía.

1957 Contrae matrimonio con el arquitecto venezolano Augusto Tobito.

1959 Se radica junto a su esposo y su hija en Caracas, donde comienza a trabajar en fotografía.

1962 Con la fotógrafa húngara Ata Kandó viaja a la Amazonía venezolana, donde realiza sus primeros trabajos acerca de la etnia Ye'kuana.

1963 Realiza trabajos fotográficos para la Fundación de Danza Contemporánea de Grishka Holguín y Sonia Sanoja.

1964-68 Realiza investigación fotográfica sobre las etnias Sanemá de Kanarakuni y Yanomamï del Alto Orinoco, en Venezuela.

1966-67 Realiza trabajos de investigación sobre la etnia Ye'kuana por encargo del Centro de Estudios Latinoamericanos de la Universidad de California en Los Ángeles (EE. UU.).

1972-74 Realiza trabajos fotográficos sobre la ciudad de Caracas, parte de los cuales publica en suplementos de prensa y posteriormente en el libro *Sistema nervioso* (1975).

1976-79 Con apoyo de la Fundación Neumann, realiza varios viajes por Venezuela para la preparación de *Así, con las manos*, un libro sobre tradiciones artesanales.

1979-80 Realiza trabajo de campo en los Andes venezolanos: fotografías, grabaciones y textos para el libro *Los páramos se van quedando solos*.

1980 Recibe el premio del Instituto Autónomo Biblioteca Nacional de Venezuela por el libro *Así, con las manos,* considerado el mejor libro del año por contenido y fotografía.

1987 Recibe el premio a la mejor fotografía en blanco y negro otorgado por Arts Directors Club, Alemania, por su reportaje fotográfico sobre los Andes venezolanos publicado en la revista *Geo Magazine*.

1989-90 Realiza trabajos fotográficos sobre juguetes tradicionales venezolanos.

1994 Recibe el Premio Nacional de Fotografía de Venezuela.

1998 Recibe el título de Maestría Honoraria de la Asociación Venezolana de la Comunidad Fotográfica y Afines (AVECOFA).

2000-11 Se interesa por el rescate de los tejidos andinos en la región de Mucuchíes, en el estado de Mérida (Venezuela). Continúa su registro fotográfico de las tradiciones de los Andes venezolanos.

2011 Fallece en Caracas.

Publicaciones (selección)

1963 *Duraciones visuales.* Fundación Neumann, Caracas.
1964 «Ballet in Caracas», *Du*, n.° 278 (abril).
1967 «Die Steinzeit lebt am Amazonas», *Du*, n.° 324 (febrero).
1973 *Cornelis Zitman* (catálogo). Galerie Galéna Vierny, París.
1974 *Los hijos de la Luna.* Congreso de la República, Caracas.
1975 *Sistema nervioso.* Fundación Neumann, Caracas.
1979 *Así, con las manos.* Fundación Neumann, Caracas.
1981 *Los páramos se van quedando solos.* Ministerio de Relaciones Exteriores y Banco Latino, Caracas.
1995 *Harry Abend: esculturas y xilografías* (catálogo). Sala Mendoza, Caracas.
2000 *Abigaíl Varela Escultor* (catálogo). Fundación Cultural Chacao, Caracas.

Exposiciones (selección)

1962 *Exposición de fotografías sobre indígenas Ye'kuana.* Museo de Bellas Artes, Caracas.
1963 *Danza contemporánea.* Museo de Bellas Artes, Caracas.
1966 *Danza contemporánea.* Basilea (Suiza).
1968 Latin American Center, Universidad de California, Los Ángeles (EE. UU.).
1991 *Exposición de fotografías sobre los indígenas Yanomamï.* Hamburgo (Alemania).
1999 *Inventores de la selva.* Fundación Corp Group / Centro Cultural Consolidado, Caracas.
2000 *La brega. Los Andes venezolanos.* Gublerhaus, Weinfelden (Suiza).
2004 *Retrospectiva.* Espace Meyer Zafra, París.
2010 *Artesanos de Venezuela.* Secadero Uno / Hacienda La Trinidad, Caracas.

Michel Otayek

(Caracas, 1977) es historiador de arte especializado en temas de fotografía en Iberoamérica. Sus proyectos de investigación más recientes versan sobre la obra de mujeres fotógrafas de origen extranjero afincadas en diversos países de América Latina, incluyendo, entre otras, a Barbara Brändli y Thea Segall en Venezuela, Grete Stern en Argentina y Kati Horna en México.

(Caracas, 1977) is an art historian, specialized in Latin American photography. His most recent research projects deal with the work of foreign women photographers established in different Latin American countries, including, among others, Barbara Brändli and Thea Segall in Venezuela, Grete Stern in Argentina and Kati Horna in Mexico.

Barbara Brändli's Distant Venezuela

Michel Otayek

In the mid-nineteen seventies, Barbara Brändli was engaged in several projects, including one that would take a long time to materialise. The slow development of her book *Los páramos se van quedando solos* (The Highlands Are Being Left Behind) reveals as much about the photographer's approach to her trade as it does about the circumstances of the country to which she dedicated her career. In a letter dated August 25, 1975, Brändli requested from historian and journalist Simón Alberto Consalvi, the then Ambassador of Venezuela to the United Nations, his intervention to secure governmental support for her work. "Nobody wants to know anything about the real Venezuela," lamented the Swiss-born photographer, who by then had been living in the South American country for over fifteen years. Perhaps wagering on her friend's origins, Brändli asked Consalvi, who came from a small city in the Venezuelan Andes, to get her an audience with President Carlos Andrés Pérez, who also hailed from the Andes. "What I would like," Brändli explained, "is to speak with him about my ideas on the reassessment of the region and its inhabitants that I want to carry out, without fear of showing the real living conditions of the humble peasants of the Andes, who are poor but not miserable."[1] As confirmed by the books' acknowledgements page, Consalvi's arrangement did in fact make it possible for *Los páramos se van quedando solos* to be published in 1981, with the sponsorship of the Ministry of Foreign Affairs.

Brändli's oeuvre is extensive and varied. In addition to the field work she undertook for decades throughout Venezuela, she also took numerous portraits of notable figures from the country's political, social and cultural scenes, as well as photographs of works of art. However, she committed the essence of her creative calling to studying and raising awareness about Venezuela's distant hinterlands where, far from the country's large cities, ancestral ways of life and customs were still being preserved. "My work," she explained in her letter to Consalvi, "consists of making books, but who pays for this work? It requires months of travel and living side-by-side with the people to delve into a topic."[2] Brändli attributed this great difficulty to widespread disinterest in Venezuela's rural areas. "My photos are not commercial," she

---

[1] Barbara Brändli to Simón Alberto Consalvi, August 25, 1975. Barbara Brändli Archive, Colección C&FE, Caracas.

[2] Ibid.

further noted. "At the tourism's department they look at my photos and say to me, 'Just imagine: people are going to think we live like this!' "[3] Certainly, much of her career coincided with the period of apogee of the model of economic developmentalism. Inside and outside its borders, Venezuela was studied and promoted as a country exceptionally suited for economic development. As Steve Ellner and Miguel Tinker Salas have argued, the paradigm of exceptionalism that shaped much of the political, economic and cultural discourse about Venezuela during the second half of the twentieth century relied on three main ideas: the stability of its democracy, a privileged geographic location and a notable degree of social permeability that freed it from the racial and class-based tensions that kept other nations in the hemisphere tied down to their pasts.[4] Within such a context, Brändli's commitment to studying and helping preserve traditions linked with Venezuela's rural pre-modernity meant swimming upstream.

As a photographer, Brändli's endeavours remained close to ethnographic concerns. Initially, her practice was connected to the work of institutions dedicated to the study of indigenous communities in southern Venezuela, including the Fundación La Salle in Caracas and the Center for Latin American Studies at the University of California, Los Angeles. During stays in the remote regions of the Upper Orinoco and the Upper Caura—where she began to travel in 1962—Brändli worked on the creation of a comprehensive photographic and audiovisual record of the environment and traditions of the Ye'kuana and Sanemá ethnic groups. At the dawn of her career, as the Swiss young woman found herself submerged in the confines of the Venezuelan Amazonia, Brändli's work began being shaped by a trait I consider essential in her creative discourse as a photographer. I am referring to her handling of the camera as means to record her own interaction with the photographed subject and environment as well as the way multiple senses influenced her work as a visual creator. Generous in shadows, registering motion or attesting to her interrelationship with her subjects, Brändli's photographs often transcend the limits of the merely descriptive.[5] Astounded

---

[3] Ibid.

[4] Steve Ellner and Miguel Tinker Salas, "The Venezuelan Exceptionalism Thesis: Separating Myth from Reality," Latin American Perspectives Vol. 2 No. 32 (2005), 5-19.

[5] As she explained to the Argentine journalist and writer Tomás Eloy Martínez: "I don't know how to photograph still objects... I can certainly record the image of an ashtray or a lamp, but it doesn't lead to anything else. In addition to the represented object I too have to be present in each of my photographs. With things that do not move, I am lost." Tomás Eloy Martínez, "Bárbara Brändli: El sonido del silencio"

by the experience of a new world, the photographer undertook a journey of self-discovery through the contemplation of her surroundings and a patient, respectful approach to the other. "I am experiencing so much here. I can hardly believe it. And even less so, write about it," she wrote in her diary during her first trip to the faraway mission of Santa María de Erebato. "You experience solitude. You concentrate. Vague thoughts arise. You understand a great deal, and before you're able to grasp what it is you understood and how, it fades away."[6]

I believe Brändli's work behind the camera reflected her prior experience in front of it. Before becoming a photographer, she had worked as a ballet dancer and a fashion model in Paris. While living there she befriended photographers Ed van der Elsken and his wife Ata Kandó. Both served as mentors for Brändli when she decided to take up photography shortly before emigrating to Venezuela with her husband, the Venezuelan architect Augusto Tobito, and their young daughter Karydi in 1959. Not long after taking up residence in Caracas, her recently learned trade allowed Brändli to begin forging her own path as a visual artist. Early on she became part of a circle of artists and intellectuals close to the industrialist, philanthropist and collector Hans Neumann—an association that led to her involvement with several publishing and exhibition projects. Amongst the most remarkable of these was *Duraciones visuales* (Visual Durations, 1963), a book of her photographs designed by John Lange and conceived as a manifesto on contemporary dance based on the teachings of choreographers Sonia Sanoja and Grishka Holguín.

Brändli's creative work was not limited to the mere act of taking photographs. Indeed, photographing was usually preceded by careful consideration of the impression she hoped to capture with her camera. As she once explained, "I must always strive to capture the precise moment of a creation that is preconceived but nevertheless perceived in the fleeting present of an instant. To achieve this, I must have a very clear and precise notion of what it is I want to photograph."[7] And then, after photographing, Brändli would deal with what often proved to be the most arduous tasks of her practice, including those related to the publication of her images in books. For example, she spent nearly a decade working

(Bárbara Brändli: The Sound of Silence), El Nacional (insert in Papel Literario), February 8, 1976.

[6] Barbara Brändli, diary entry, May 15, 1962. Barbara Brändli Archive, Colección C&FE, Caracas. Translation from German to Spanish by Christian Monsch.

[7] Lucía Quintero, "Bárbara Brändli: Su Entreluz" (Bárbara Brändli: Her Light Shines Through), El Nacional (insert in Papel Literario), November 3, 1968.

on the production and publication of a book about her work in the Venezuelan Amazonia alongside the Basque missionary and anthropologist Daniel de Barandiarán. Dedicated to the Sanemá people, designed by Cornelis Zitman and John Lange, and containing her photographs and text by Barandiarán, the book had initially been conceived in 1966. After years of work—and fruitless contacts with numerous publishing houses—the book was finally published in 1974 by the Congress of Venezuela with the title *Los hijos de la luna* (The Children of the Moon).

A year later the extraordinary photobook *Sistema nervioso* (Nervous System) was published. Sponsored by the Fundación Neumann, the book evokes the hustle and bustle of the streets of Caracas—the experience of transiting the road system of a chaotic metropolis, whether by foot or automobile. Throughout the book's pages, John Lange's exceptional graphic design scheme establishes a lyrical correspondence between Brändli's photographs—taken at different locations in Caracas from 1972 to 1974, as indicated by her notes on the envelopes of her negatives—and an extended poem about them written by the playwright and filmmaker Román Chalbaud. *Sistema nervioso*, the only one of Brändli's books concerned with urban life, was followed by *Así, con las manos* (Thus, With the Hands, 1979), a publication that offers an intimate look into the handicraft traditions of rural Venezuela. In this book, Brändli first tested a methodology to which she would commit for the remainder of her career. All through its pages, photographs taken during several trips around the country from 1976 to 1979 are interwoven with transcriptions of interviews with the photographed artisans. In this sense, the book reflects both Brändli's fascination with the craft traditions of rural Venezuela and her understanding of the role played by oral transmission in their preservation. As experienced from the perspective of Caracas' dizzying modernity, *Así, con las manos* seemed to transport readers to a bygone era. As the art critic Juan Carlos Palenzuela noted, "at a time when the nation is not even surprised anymore by corruption this exquisite book comes to us... filled with stories and tales about characters, some from another century and all with their nails covered in dirt, as if lost in the courtyards of houses scattered across that vast geography of oblivion that is Venezuela."[8]

Although Brändli continued working for many more years, *Los páramos se van quedando solos* was the last of the five photographic books she managed to publish during her lifetime.

---

[8] Juan Carlos Palenzuela, "Así, con las manos" (Thus, With the Hands), El Nacional, December 2, 1979.

The title chosen for this publication reflects her concern about the migration of young people from the countryside to cities and its effect on the gradual disappearance of some of the cultural traditions of the Venezuelan Andes, among them the peculiarities of the language spoken in the region. Taken under natural light, as was Brändli's custom, the photographs included in the book portray the taciturn, austere everyday existence of Andean peasants. Intertwined with the photographic record of life in the region, the verbatim transcription of the peasants' oral testimony evokes within the reader the auditory experience of speech patterns in the highlands. "Guided by the belief that all forms of speech hold intrinsic value," an editorial note explains at the beginning of the book, "...we have preserved any inconsistencies and redundancies in syntax... as well as archaic terms, divergences and lexical innovations."

Marrying oral memory and photographic record, *Los páramos se van quedando solos* was the first of three books about traditions in the Venezuelan Andes that Brändli worked on for years to produce. Never published, the other two volumes in the trilogy were dedicated to the cultivation of wheat and to Andean mythology. Thankfully, working materials related to these and other projects left unfinished after Brändli's unexpected passing in late 2011 have been preserved in her archives. These include dozens of interviews and their transcriptions, book dummies and numerous unpublished photographs. The structure and contents of Brändli's archives attest to her methodical, patient photographic practice and to her commitment to studying and promoting the cultural traditions of an unpretentious country that was difficult to discern from the ambitious modernity of Caracas. "Therein lies the greatest human value," the photographer argued in her letter to the ambassador. There, in the distant Venezuela that she approached with her camera. There, in the patient labor of the dwellers of the jungle, the mountains and the forgotten villages. There, in the noble self-reliance of a hermit from the highlands of Mucuchíes whom she liked to visit every now and then and who earned her living by gathering moss for Christmas nativity sets.[9]

[9] I would like to thank those who have generously shared with me some of their memories about Brändli's life and work, most specially her daughter Karydi Tobito and her grandchildren Ana Karina and Gabriel De Tiberge, as well as Eduardo Castro, Javier Aizpurua and Carolina and Fernando Eseverri.

PHotoBolsillo**

Comisariado editorial / Editorial Curator
Eduardo Castro

Coordinación / Coordination
Bárbara Adrados

Diseño original / Original design
Fernando Gutiérrez

Traducción / Translation
Douglas Prats

Preimpresión / Pre-press
Museoteca

Impresión / Printer
Brizzolis

ISBN
978-84-16248-91-9

Depósito Legal / Legal Deposit
M-22553-2018

Colección C&FE Caracas

Carolina Vollmer
Isabela Eseverri
Fernando Eseverri
Fernando A. Eseverri
Eduardo Castro
Michel Otayek
Leonor Solá León
Israel Ortega Oropeza

Agradecimentos / Acknowledgements
Karydi Tobito Brändli

LA FÁBRICA

Presidente / President
Alberto Anaut

Vicepresidente / Vice-Chairman
Alberto Fesser

Director General / Managing Director
Álvaro Matías

Directora Editorial / Editorial Content Manager
Camino Brasa

Director de Desarrollo Editorial / Editorial Development Manager
César Martínez-Useros

Coordinación / Coordination
Bárbara Adrados

Director de Producción / Production Manager
Rufino Díaz

Director de Distribución / Distribution Manager
Raúl Muñoz

LA FABRICA
Verónica, 13
28014 Madrid
T. +34 91 360 13 20
edicion@lafabrica.com
www.lafabrica.com

ARCHIVO FOTOGRAFÍA URBANA

Junta directiva / Board of Directors
Herman Sifontes Tovar
Jaime Abello
Luis Enrique Pérez Oramas
Horacio Fernández
Tulio Hernández
Oscar Lucien
Vasco Szinetar

Presidenta / President
Diana López

Director curador / Curator Manager
Vasco Szinetar

Gerente de exposiciones y proyectos de extensión /
Manager of exhibitions and extension projects
Lorena González Inneco

Coordinadora del Fondo Visual /
Coordinator of Visual Collection
Lucía Jiménez

Coordinadora Administración / Management Coordinator
Gisela Rojas

Digitalizador / Digitizer
Alfredo Sainz

Una coedición entre / A Coedition Between

LA FABRICA museoteca BRIZZOLIS arte en gráficas ARCHIVO FOTOGRAFÍA URBANA Colección C&FE Caracas

Biblioteca PHotoBolsillo

Biblioteca de Fotógrafos Españoles

Xavier Miserachs
Nicolás Muller
Humberto Rivas
Ricky Dávila
Koldo Chamorro
Francesc Català-Roca
Carlos Pérez Siquier
Luis Pérez-Mínguez
Gabriel Cualladó
Javier Vallhonrat
Miguel Trillo
Pilar Pequeño
César Lucas
Fernando Gordillo
Agustí Centelles
Baylón
Isabel Muñoz
José María Díaz-Maroto
Cristóbal Hara
Antonio Tabernero
Alberto García-Alix
Pablo Genovés
Clemente Bernad
Carlos Serrano
Ramón Masats
Óscar Molina
Cristina García Rodero
Pablo Pérez-Mínguez
Joan Fontcuberta
Navia
Ricard Terré
Fernando Herráez
Oriol Maspons
José Ignacio Lobo Altuna
Xurxo Lobato
Genín Andrada
Valentín Vallhonrat
Vari Caramés
Juan Manuel Díaz Burgos
Ferran Freixa
José Antonio Carrera
Manuel Vilariño
Kim Manresa
Rafael Navarro
Toni Catany
Luis Escobar
Marta Sentís
Chema Madoz
Ciuco Gutiérrez
Alberto Schommer
Ouka Leele
Manel Esclusa
Laura Torrado
Ángel Marcos
Ortiz Echagüe
Francisco Ontañón
Carlos Saura
Alfonso
Juan Manuel Castro Prieto
Pep Bonet
Juantxu Rodríguez
Paco Gómez
Virxilio Vieitez
Gonzalo Juanes
Rosa Muñoz
Leopoldo Pomés
José Ramón Bas
David Jiménez
Leonardo Cantero
Jordi Socías
Colita
Alfredo Cáliz
Gervasio Sánchez
Txema Salvans
Matías Costa
Emilio Morenatti
Pierre Gonnord
Ricardo Cases
Sofía Moro
Joan Tomás
Atín Aya
Rafael Trobat
José Cendón
Luis de las Alas
Chema Conesa
Ragel
Samuel Aranda
Rafael Sanz Lobato
Juana Biarnés
Manuel Outumuro
Cristina de Middel
Carlos Spottorno
Aitor Lara
Miguel Bergasa
Javier Arcenillas
NOPHOTO
Laia Abril
Blank Paper
Ricardo Martín
Eduardo Momeñe
Campúa
Jean Marie del Moral

Biblioteca de Fotógrafos Latinoamericanos

Luis González Palma
Casasola
Marcos López
Cia de Foto
Raúl Cañibano
Alberto Korda
Tito Caula
Alfredo Cortina
Ricardo Jiménez

Biblioteca de Fotógrafos Africanos

Jean Depara
Samuel Fosso
Mama Casset
Zwelethu Mthethwa

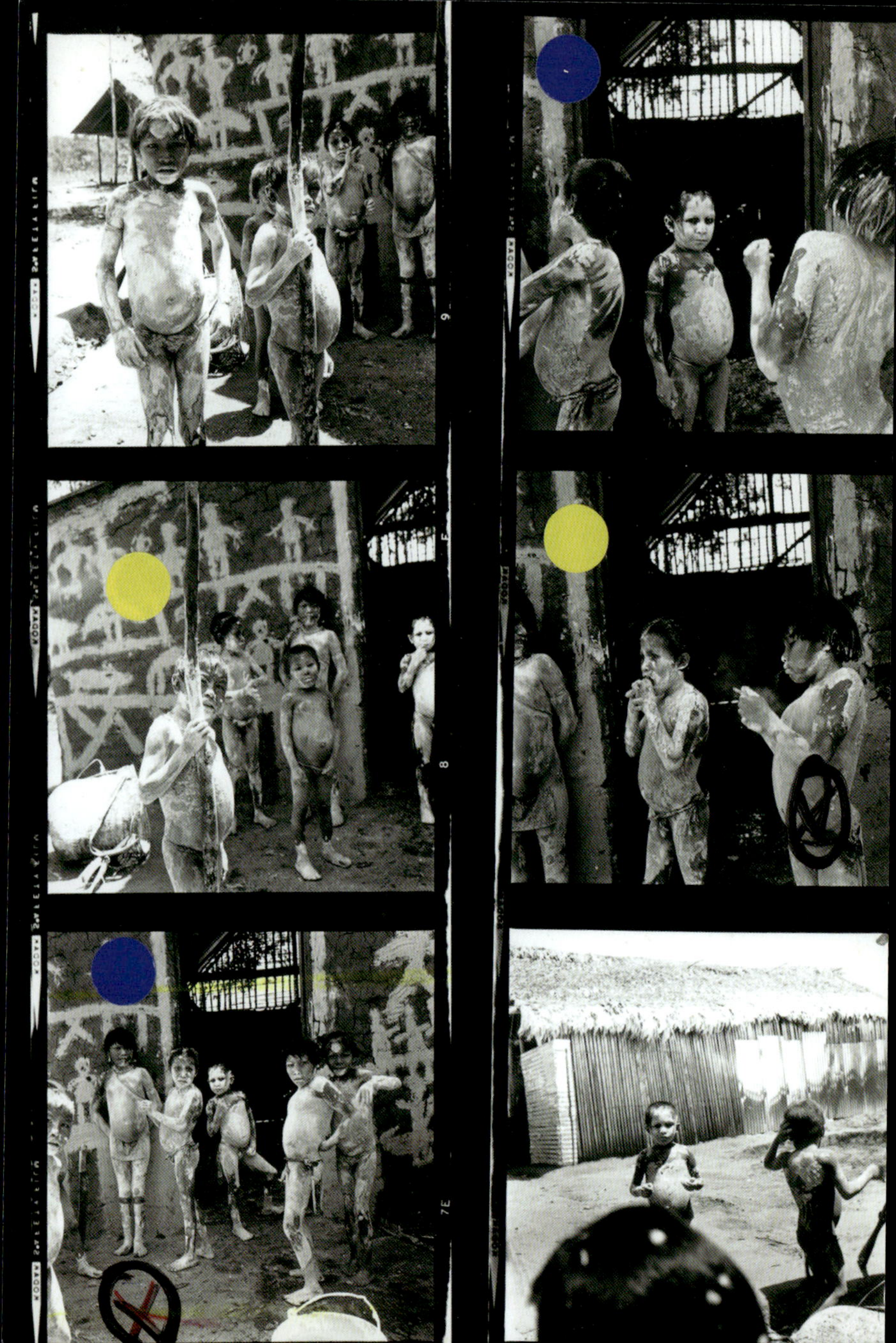